Eurus

Notus

敵対的買収とアクティビスト

太田 洋 Yo Ota

Boreas

Zephyrus

岩波新書
1973

プロローグ

二〇二一年八月二三日月曜の深夜、入浴を済ませてふと気づくと、スマホにいつの間にか事務所の同僚パートナーからの着信履歴が残っている。慌ててかけ直すと、「東京機械製作所が株式の大量買集めに遭っている。取引先のトップから『助けてやって欲しい』と頼まれたが、明日、会社に行く時間は取れないか」という話だった。幸い、翌日は午前中であれば空いていたのでその旨伝えると、折り返しすぐ電話がかかってきて、明日午前に東京機械製作所に来て欲しいとのことであった。翌二四日の午前一〇時半に田町の同社本社を一人で尋ねると、役員会議室に通され、すぐ青木宏始会長、都並清史社長らとの会議が始まった。それが、同年一一月一八日に最高裁で同社が発動した買収防衛策に基づく対抗措置の適法性が認められるまでの約三か月弱に及ぶ疾風怒濤の日々の始まりであった。

二〇二一年は、この東京機械製作所の件に限らず、フリージア・マクロス対日邦産業、シティインデックスイレブンス対日本アジアグループ、アスリード・キャピタル対富士興産と、敵対的買収に対する防衛策発動の適法性が司法の場で争われた事例が相次いだ。また、日本製鉄による東京製綱に対する敵対的TOB(※)やSBIホールディングスによる新生銀行(現・SBI新生銀行)に対する非友好的TOBなどが成功を収め、年末には、関西スーパーマーケット(現・関西フードマーケット)をめぐるエイチ・ツー・オー リテイリングとオーケーとの買収争奪戦が、熾烈な委任状争奪戦の末、最終的に最高裁の決定にまでもつれ込んだ。このように、特に二〇二一年は、「敵対的買収」や「アクティビスト」という言葉が一年を通してメディアで取り上げられていたが、その取り上げ方をみていると、「敵対的買収」や「アクティビスト」に対して会社はどのように向き合うべきか、それらについて一体何が問題なのかが、日本では(米国と比較して)未だに十分に理解されていないということが痛感された。巷には、「敵対的買収」や「アクティビスト」について取り扱った書籍が溢れているが、それらは専門的に過ぎるか、そのときどきにおける表面的な現象面についてしか言及されていないかのいずれかであって、これまでの歴史を全て踏まえた上で、「敵対的買収」や「アクティビスト」とは何か、何が問題なのかについて、理論面も含めて分かりやすく紹介した一般向けの書籍はないように思われた。

(※)「TOB」とは株式公開買付けのことであって、買付者が、市場外で、対象会社の株主に対して一定の価格で対象会社の株式を買い取ることを申し込み、株主から十分な応募があれば、株式の買付けが成立するという買収の手法である。

ならば、自分でそのような書籍を執筆してみるほかない、ということでできあがったのが本書である。法律家や実務家向けの書籍ではないため、法制度や裁判例を取り上げる場合でも、細部の正確性はあえて犠牲にして、分かりやすさを重視し、大雑把な記述となっているが、一般読者向けの書籍という本書の性格上、ご海容頂きたい。本書の狙いが達成できているかは読者諸兄諸姉のご判断に委ねるしかないが、本書が、わが国経済社会にとって今後益々重要性を増していくであろう「敵対的買収」及び「アクティビスト」という現象ないし存在について、いささかなりとも理解を深めるための一助となれば、筆者としては望外の幸せである。

なお、本書では、様々な敵対的買収やアクティビスト対応の事例を取り上げているが、事例として取り上げた会社その他の関係者の方々には様々な思いもあることが予想されたため、事例については匿名で記述することも検討した。しかしながら、具体的な社名その他の実名を伏せてしまうと、読者が本書の内容を十分に理解できずに終わってしまうおそれがあったため、編集部とも相談の上、原則として事例については実名で記載することとしている(なお、社名については事件後、社名が変わった会社も少なくないが、原則として事件当時の社名を記載している)。それらの事例の中には筆者が直接関与したものも含まれているが、執筆はもちろん全て報道を含む公開情報に基づいて行っており、編集部とも相談の上、極力、お名前を挙げた会社やファンド、個人の方々にご迷惑が掛からぬよう、相応の配慮を尽くしたつもりである。もっとも、本書における評価にわたる表現部分については、筆者による表現のみならず、法曹界や関連の業界等で一般的に用いられるものであっても、あくまでも通常なされている法的な表現に過ぎないのであって、事柄の性質上反論や異なる評価があり得ることは当然であろう。いずれにせよ、事例として取り上げた件の関係者の方にはご不快な思いをさせてしまう可能性もあるため、ここで予めお詫びさせて頂くこととしたい。

目次

コラム

写真提供　共同通信(五四ページのみ、ロイター＝共同)

第一章　敵対的買収とは

1 「敵対的」買収と「非友好的」買収

「敵対的」買収とは

「敵対的買収(Hostile Takeover)」とは「敵対的企業買収」の略語であって、対象(標的)となる会社(以下「対象会社」という)を、その同意なく買収することをいう。その反対に、対象会社をその同意を得て買収することは「友好的買収」と呼ばれる。

なお、会社には、一般になじみが深い株式会社以外にも、合名会社、合資会社及び合同会社があるが、株式会社以外の会社については、その出資持分(会社に対する割合的な所有権のことを「出資持分」と呼ぶ。株式会社における出資持分は特に株式と呼ばれる)の譲渡に原則として他の社員全員の同意が必要であるため、社員(株式会社でいう株主)が一人でも反対すれば、対象会社を買収することはできない。また、株式会社であっても、その株式の全部について、その譲渡に会社の承認が必要とされている場合には(そのような会社を「全部譲渡制限会社」ないし「閉鎖会社」という)、そのような会社について敵対的買収ということは通常考えられない。加えて、株式が東京証券取引所(以下「東証」という)のような証券取引所が開設する市場(東証は、プライム、スタンダード及びグロースの各市場を開設している）に上場されていなければ、株式を市場で自由に買い集めることもできず、そのような会社の株式が敵対的に買い集められるといった事態は通常生じない。

そこで、本書では、「会社」といった場合には、その株式が上場された株式会社（一般に「上場会社」と呼ばれている）のことを指すものとして、以下論じていくこととする。

さて、敵対的買収に話を戻すと、会社は、法人格（※）は有しているものの、それ自体は擬制的存在であって、意思を持っているわけではないから、「会社の同意なく」というのは、具体的にはいったい「誰の」同意がないことをいうのかが問題となる。その候補としては、論理的には、社長、株主、従業員なども考えられなくはないが、一般的には、対象会社の「取締役会の」同意なく、その会社を買収することを、「敵対的買収」であるとか「同意なき買収」などと呼んでいる。

（※）法人は、人間と同様に、法律によって権利義務の主体となることができるものとされているが、このように、法人や人間が、法律上、権利義務の主体となることができるということは、「法人格」を有していると表現される。

株式会社は会社法によって法人格を与えられた擬制的な存在であるが、その運営は、株主から成る会議体である株主総会、代表取締役をはじめとする取締役、取締役から成る会議体である取締役会、監査役、監査役によって構成される監査役会といった「機関」を通じてなされている。

もっとも、株主総会や取締役のように株式会社に必ず設けられている機関とは異なり、取締役会、代表取締役、監査役、監査役会、監査等委員会、監査委員会、指名委員会、報酬委員会などは、それを設置するか否かは会社の選択に委ねられている。しかしながら、株式会社がその株式を上場するには、閉鎖会社であってはならず、閉鎖会社でない会社(会社法上「公開会社」と呼ばれる)は取締役会を設置しなければならないとされているため、上場会社は必ず取締役会を有している。なお、取締役会を設置している株式会社は、会社法上「取締役会設置会社」と呼ばれる。

取締役会は、代表取締役をはじめとする取締役の業務執行を監督する機関であるが、会社の業務上重要な意思決定を行う機関でもあるとされている。そのため、会社の「取締役会の」同意なく、その会社を買収することを「敵対的買収」と呼ぶわけである。つまり、「敵対的買収」といった場合における「敵対的」とは、会社の株主や社長に対して敵対的ということではなく、取締役会に対して「敵対的」ということを意味している。

一般に、会社の「所有者」は株主であると考えられているにもかかわらず、右で述べたように、敵対的買収か否かは取締役会の判断によるとされており、このような「ねじれ」が生じている点こそが、敵対的買収をめぐるほとんどの法的問題の根源となっているといっても過言ではない。

このように、株式会社において、その所有者(株主)とその経営上の意思決定権者(取締役会)とが分離されているということを、「所有と経営とが分離されている」と表現する。議会制民主主義国家において、主権を有する国民と立法や予算の決定権を有する国会とが分離されている（間接民主制ないし代議制と呼ばれる）ことに似ている。この「ねじれ」をできるだけ解消すべきものとして考えるか、それとも「所有と経営の分離」の観点から当然のものとして考えるかについて、見解が大きく分かれていることが、敵対的買収が常に激しい論争の的になっている原因である。

この点を常に意識しながら、以下、本書を読み進めて頂きたい。

「非友好的買収提案」とは

以上で述べたとおり、敵対的買収とは、対象会社の取締役会の同意なく、その会社を買収することであるとすると、買収提案を受けた当初は、取締役会は反対していたものの、提案に係る買収条件が変更されるなどして、途中で取締役会がその買収提案を受け入れることとなった場合には、定義上、もはやそれは「敵対的買収」とは呼べないことになる。そのような場合、当初の買収提案は、対象会社の取締役会の側が望んで受けたものではないという意味で、英語では、「アンソリシテッド・オファー（unsolicited offer）」と呼ばれる。これを日本語に直訳すると、「非招請買収提案」ということになるが、言葉が余りに専門的なので、一般的には、このような買収提案のことを「非友好的買収提案」と呼ぶ。当初は「非友好的」買収提案であっても、対象会社の取締役会が受け入れれば、それに基づく買収は「友好的」買収となるわけである。

後述するとおり、わが国に比べて敵対的買収が行われることが多いとされている米国や英国においても、対象会社の取締役会が最後まで反対し続ける中で、その会社の買収が完遂されるような例はあまり多くない。しかし、米英両国では、買収者によって非友好的買収提案がなされた後、買収者と対象会社とが交渉を重ねて、最終的には、後述する善管注意義務の観点から対象会社の取締役会が(当初の買収条件を一部修正するなどして)買収提案を受け入れ、友好的買収の形で買収者による対象会社の買収取引が実行される例がかなり多い。俗に「欧米では敵対的買収が数多く行われる」といわれるのは、実際には、このような「非友好的」買収提案を起点として「友好的」に終わる買収取引が多い、ということを意味しているように思われる。

敵対的買収と経営者のエージェンシー問題

以上で述べたとおり、敵対的買収にせよ非友好的買収提案にせよ、「敵対的」ないし「非友好的」と表現されるのは、あくまで対象会社の取締役会との関係においてであるため、対象会社の取締役会にとってはそのような買収(提案)は望ましくなくとも(従って、定義上は、かかる買収が「敵対的買収」に当たる、ないしかかる買収提案が「非友好的買収提案」に当たる場合であっても)、株主にとってはそのような買収(提案)は望ましく、歓迎されるべきものである、という事態はしばしば生じる。

例えば、買収者が、対象会社の株式を、現在の株価に一〇〇%のプレミアムを上乗せして買い取る(つまり、現在の株価の二倍の価格で買収する)が、買収が成功した暁には対象会社の現在の取締役を全員クビにする、という買収提案は、一般的には対象会社の株主にとっては歓迎すべき提案であろうが、職を失うことになる対象会社の取締役にとっては好ましいものとはいえないであろう。このように、対象会社の取締役会にとっては望ましくない買収(提案)が、株主にとっては望ましいものであるという事態が生じ得る、言い換えれば、その買収(提案)をめぐって、対象会社の取締役会と株主との間に構造的な利害相反の関係があるということが、敵対的買収をめぐって生じる様々な法的問題の背景を成している。

このように、対象会社の所有者(いわば本人)をその株主とみなした場合において、対象会社の取締役(株主からすれば会社の経営を委託している代理人=エージェント)が、株主とは異なる独自の利害(典型的には、取締役の職にとどまり続けたいという利益。このような利益を「保身の利益」という)を有しているため、本人である株主の意思に反した行動をとる可能性があるという問題を、「エージェンシー問題」という。エージェンシー問題をいかに解消して、取締役を株主の意思ないし最善の利益に沿った方向で行動するように仕向けて行くかということは、所有と経営とが分離した株式会社(中でも、所有者である株主が多数に上るため、所有と経営との分離が進んだ上場会社)のガバナンスを考える上で、最も大きな問題の一つとされている。敵対的買収をめぐる法的問題の大部分は、基本的にはこのエージェンシー問題に由来しているといっても過言ではない。

「株主共同の利益」とは何か

もっとも、敵対的買収をめぐる法的問題は、全てこのエージェンシー問題に収斂するわけでもない。敵対的な買収者が、対象会社を真摯に経営してその中長期的な企業価値を高めることを買収の目的としておらず、対象会社からもっぱら自己に利益を移転する(平たい言葉でいえば「収奪する」)ことを買収の目的としているような場合には、買収者が対象会社の株式を一部保有しているようなときでも、他の株主とその買収者との利害は対立することになる。右の説明からも明らかなとおり、敵対的買収の中には、(潜在的に)株主間の利害対立を生じさせるものがあり、このような類型の敵対的買収では、エージェンシー問題よりも、買収者と買収者以外の対象会社の株主や、買収者と対象会社それ自体との間の利害相反の問題の方が重要である。そして、敵対的買収が、対象会社の(買収者以外の)株主の利益に反するものである場合には、そのような敵対的買収は、「株主共同の利益」に反する、と表現される。そのような敵対的買収は、一般的には阻止することが許される(適法とされる)と考えられている。

ステークホルダーの利益

また、会社の存続や成長に利害関係を有しているのは株主や取締役だけではない。その他にも、社会的実在としての会社には、従業員及びその家族、取引先、顧客、その会社の工場等が所在している地域といった様々なステークホルダーが存在している。敵対的買収によって、対象会社の企業価値が毀損されれば（又は本来期待できた成長ができなくなれば）、当該対象会社の様々なステークホルダー（もちろん、その中には対象会社の株主も含まれる）の利益も害されることになる。例えば、バブル期に、元暴力団組長であった池田保次氏が率いる仕手集団のコスモポリタンに乗っ取られた雅叙園観光（東京証券取引所市場第一部上場。以下「東証一部上場」又は「東証プライム上場」という）は、池田氏による融通手形の乱発の結果として経営危機に陥り、最終的に一九九七年に倒産に追い込まれて、株券は紙切れとなり、従業員は失業の憂き目を見るに至っている。このように、敵対的買収が、対象会社の企業価値を毀損する（以下では、本来期待できたはずの価値の向上が実現できなくなることも含めて「企業価値を毀損《きそん》（そこなう）する」と表現する）ものである場合にも、一般的には、そのような敵対的買収を阻止することは許されると考えられている。

今まで述べてきた、経営者の「エージェンシー問題」、さらには「企業価値」と「株主共同の利益」という言葉は、敵対的買収をめぐる様々な問題を考える際のキーワードであって、今後も本書でたびたび登場することとなるので、是非覚えておいてもらいたい。

コラム① 三角合併と敵対的買収

平成一七年(二〇〇五年)商法改正によって会社法が制定される際、会社法に盛り込まれていた三角合併等の解禁が、海外企業によるわが国企業の敵対的買収を促進するのではないかということで、メディアでは「黒船襲来か」などと大きく取り上げられた。このことは政治的にも大きな問題となって、会社法のうち三角合併等の解禁に関する部分だけ、施行が一年延期される事態となった。すなわち、会社法本体の施行は二〇〇六年五月一日であったが、会社法のうち三角合併等の解禁に関する部分の施行は二〇〇七年五月一日とされた。しかし、実際には、海外企業による三角合併等を用いたわが国上場会社の敵対的買収は、三角合併等が解禁された後も一件も起きていない。そうであるにもかかわらず、平成一七年商法改正当時はなぜ「三角合併等の解禁=海外企業によるわが国企業の敵対的買収が増加するおそれがある」ということが叫ばれたのであろうか。

三角合併等が解禁された理由の一つとして、国際的な企業買収の促進ということが挙げられていた。これは、伝統的に、実務(具体的には商業登記を司る法務省)及び学界の多数説では、わが国の会社法制の下では、国境を越えて、わが国の株式会社を、外国の会社が、合併、株式移転・株式交換及び会社分割という組織再編行為を通じて買収することはできないと考えられていたからである。なぜできないかというと、合併、株式移転・株式交換及び会社分割は、それによって買収される会社(対象会社)の株主の側から見ると、それら株主が保有する対象会社の株式を、買収する会社(合併の場合の存続会社、株式移転・株式交換の場合の株式移転・株式交換完全親会社、会社分割の場合の分割承継会社)の株式その他の財産と交換する手続であるところ(このように対象会社の買収に伴ってその株主が自らの保有株と引換えに受け取ることのできる対価を、以下「買収対価」という)、平成一七年改正前の旧商法の下では、合併、株式移転・株式交換及び会社分割によって対象会社の株主に(対象会社の株式と引換えに)交付できるのは買収会社の株式に限られており、しかも、ここでいう買収会社は日本の株式会社に限られていたからである。そこで、平成一七年商法改正によって制定された会社法では、このような合併等の対価の種類の制限(日本の株式会社である買収会社の株式以外を対価とすることを禁じる旨の制限)を撤廃し、合併等の対価として対象会社の株主に交付できるのは、およそ財産であれば何でもよい(即ち、現金でもよいし、外国会社の株式でもよい)とされた。その結果、**図1-1**のように、外国等にある買収会社が日本国内に設立した買収目的会社(以下「SPC」という)に対象会社を吸収合併させる一方で、対象会社の株主には、その保有する対象会社株式と引換えに、SPCに保有させておいた買収会社の株式(SPCの側から見れば、その親会社の株式)を交付することが可能となった。これが

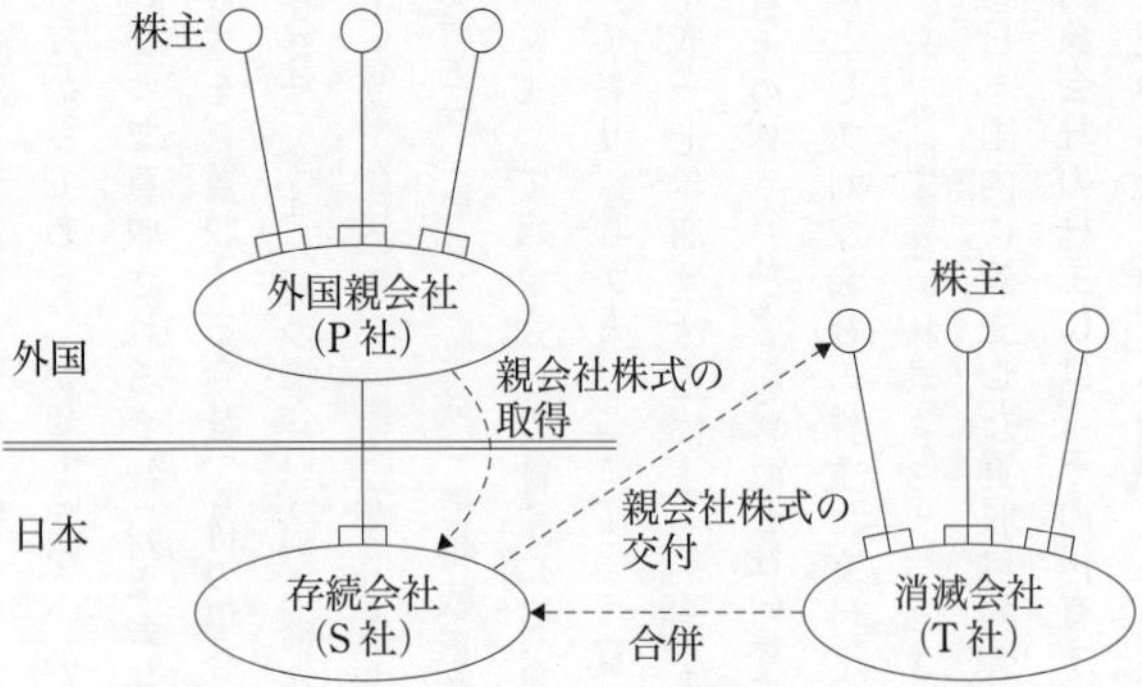

図 1-1　(正)三角合併

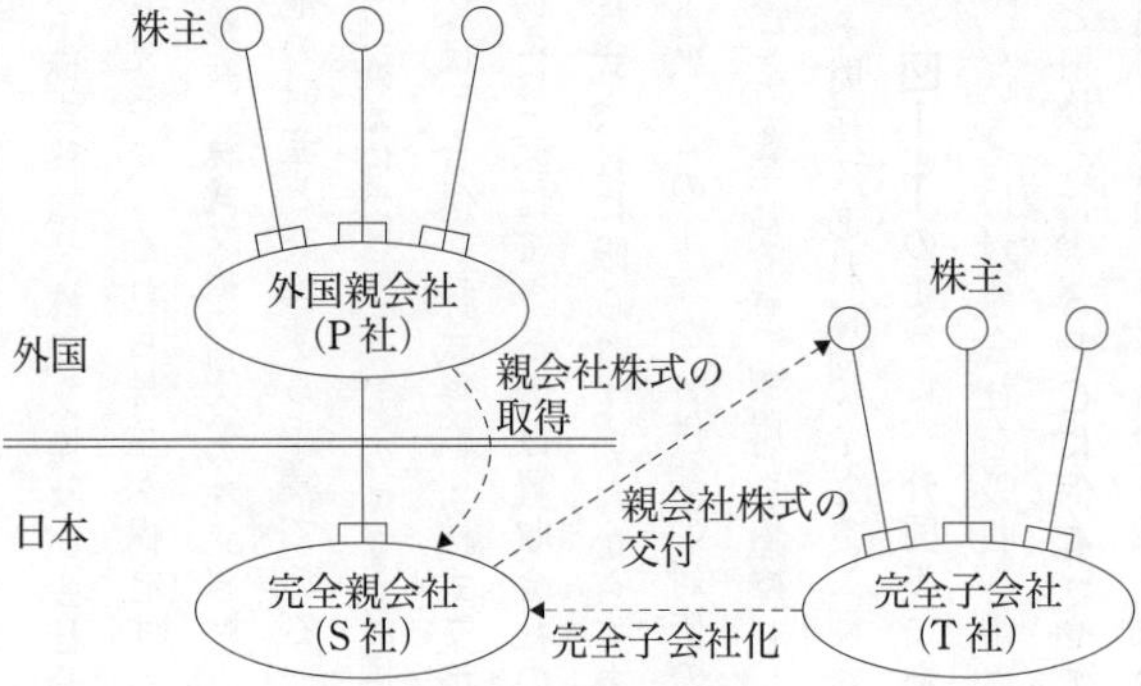

図 1-2　三角株式交換

「三角合併」である。なお、買収会社が日本国内に設立したSPCに対象会社を株式交換で買収させる一方で、対象会社の株主には、その保有する対象会社株式と引換えに、SPCに保有させておいた親会社株式(買収会社株式)を交付することを、「三角株式交換」という(**図1-2**参照)。この三角合併や三角株式交換を用いれば、国境を越えた合併ができなくとも、外国会社は、日本国内にSPCを設立し、そのSPCにその外国会社の株式を保有させた上で、対象会社を吸収合併させたり株式交換をさせたりすることで、その外国会社の株式を買収対価として、対象会社を買収することが可能となる。

当時(今もであるが)、株式時価総額では海外、特に欧米企業の時価総額がわが国企業のそれよりもはるかに大きかった(二〇〇五年当時は、例えば、ソニーの株式時価総額はIBMの約六分の一、武田薬品工業の株式時価総額はファイザーの約七分の一、三菱東京フィナンシャル・グループの株式時価総額はシティグループの約三〜四分の一、花王の株式時価総額はP&Gの約一〇分の一、イオンの株式時価総額はウォルマートの約一八〜二〇分の一に過ぎなかった)。そのような有力な海外企業が、現金ではなく、自社の発行株式(自社株)を買収対価としてわが国企業を買収できることになると、自社の株式を発行することは自ら紙幣を印刷するのと同様で極めて容易であるから、わが国企業はひとたまりもなく敵対的に買収されてしまうのではないかということが、当時主張されていた。それが三角合併等の解禁脅威論の要旨である。

この主張は、必ずしも全面的に誤りというわけでもなく、実際に、二〇〇〇年前後以降に行われた国境を越えた超大型の企業買収は、英ボーダフォンによる米エアタッチの買収(一九九九年)、英ボーダフォン・エアタッチによる独マンネスマンの買収(一九九九年)、蘭ミッタルによる盧アルセロールの買収(二〇〇六年)、米クラフト・フーズによる英キャドバリーの買収(二〇一〇年)、武田薬品による英シャイアーの買収(二〇一八年)など、そのうちの多くが現金ではなく買収会社の発行株式(自社株)を買収対価とする買収であった。特に、三角合併制度が存在する米国の上場会社を対象とする大型買収は、米国の各州会社法で認められている三角合併を通じて行われている場合が多い。ちなみに、友好的買収の事例であるが、二〇〇七~〇八年に行われた米シティグループによる日興コーディアルグループ(現・SMBC日興証券。以下「日興」という)の一〇〇%買収も、シティグループが現金を対価とするTOBによって日興の株式を六一・〇八%取得し、その後、三角株式交換を行って完全子会社化する方法で行われた(三角株式交換の際に残存していた日興の株主は、シティグループの株式を対価として受け取った)。

しかしながら、わが国上場会社の株主の大半を占めるわが国の個人や法人の株主にとっては、買収対価が現金(日本円)ではなく、海外企業の発行株式であると、流動性への懸念や為替変動による為替差損のリスクも生じ得るため、そもそも友好的買収の場合でも望ましくない(日本円の方がよい)と受け取られるのが通常である。それに加えて、後述するように、最近になるまでわが国では敵対的買収だけでなく、非友好的買収提案の事例すら少なかった(言い換えれば、敵対的買収が成功する確率は非常に低いと考えられていた)のであるから、会社法による三角合併等の解禁が海外企業によるわが国企業の敵対的買収の増加につながらなかったのは、ある意味で当然といえよう。従って、わが国でも、今後、欧米と同様に敵対的買収が当たり前に行われるようになれば、わが国上場会社が、海外企業に、三角合併等を通じて敵対的に買収される事例も徐々に出てくるようになると予想される。

2　買収争奪戦――対抗的買収

敵対的買収と対抗的買収との相違

「敵対的買収」や「非友好的買収提案」と一部オーバーラップする概念として、「対抗的買収提案」や「対抗的買収」という概念がある。「対抗的買収提案」とは、A社が、買収の対象会社であるT社との間で友好的な買収取引(T社の取締役会の同意の下にT社がA社によって買収される取引)に合意して、それを進めようとしていたところ、第三者であるB社が、「こちらの方がA社よりもT社の株主等にとって有利な買収条件を提示できる」としてそれに割って入るような場合におけるB社による買収提案のことをいう。そして、その買収提案が最終的にT社によって受け入れられた場合におけるB社によるT社の買収のことを「対抗的買収」という。

この場合、T社の取締役会は、当初はA社による友好的買収提案を支持していたわけなので、B社によって対抗的買収提案が出された段階では、かかる提案は「非友好的買収提案」ということになるし、T社の取締役会がその提案に反対の意見表明をした段階では、当該提案は「敵対的買収提案」となる。そして、T社の取締役会が反対したままでB社によるT社の買収が実現すれば、その買収は「対抗的買収」であるとともに「敵対的買収」ということになる。

他方、途中でT社の取締役会がA社との間の友好的買収に係る契約を破棄し、B社による買収を受け入れることとなった場合には、最終的には、B社によるT社の買収は「対抗的買収」ではあるが「友好的買収」で終わったということになる。

二〇二〇年に実現したニトリホールディングス(以下「ニトリ」という)による島忠の買収は、まさに、ニトリによる対抗的買収提案が、最終的に友好的買収という形で結実した事例である。このケースでは、当初、DCMホールディングス(以下「DCM」という)と島忠との間で、DCMが島忠を買収する旨の合意が成立しており、DCMが島忠に一株当たり四二〇〇円の買付価格で友好的TOBを開始した。その後で、ニトリが島忠に対して一株当たり五五〇〇円でその株式を買い付ける旨の対抗的買収提案をし、島忠との間で経営統合契約を締結した上で、その価格で対抗

ＴＯＢを開始した。このニトリによる島忠への買収提案は「対抗的買収提案」であり、同時に「非友好的買収提案」であったが、最終的に島忠の取締役会は、ＤＣＭとの友好的買収に係る契約（経営統合契約）を破棄してニトリとの間で経営統合契約を結び、ニトリによる買収提案を受け入れた（結果として、ニトリによるＴＯＢは成立している）ので、結果的にニトリによる島忠の買収は「友好的買収」と評価されることになった。

これに対して、二〇一九年から二〇年にかけてのユニゾホールディングス（以下「ユニゾ」という）の買収争奪戦の事例は、以下のような経緯をたどった。まず、二〇一九年七月にＨＩＳが突然ユニゾに対して一株当たり三一〇〇円の買付価格で敵対的ＴＯＢ（詳細は後記5参照）を開始した。それに対応してユニゾ側がビッド（競争入札）手続によってホワイトナイト（「白馬の騎士」とも呼ばれる。詳細は後述する）を募り、その結果、フォートレス・インベストメント・ファンド（以下「フォートレス」という）の買収提案が評価されて、いったん同社がホワイトナイトに選定され、同社が一株当たり四〇〇〇円の買付価格でユニゾ株式についてＴＯＢを開始した。この段階では、フォートレスの買収提案は「対抗的買収提案」ではあるが「友好的買収提案」であり、同社のＴＯＢは「友好的ＴＯＢ」であったことになる。ところが、ＨＩＳの敵対的ＴＯＢが応募が集まらずに不成立に終わった後、ユニゾとフォートレスとの間の対立が顕在化した。そこでユニゾはフォートレスのＴＯＢへの賛同意見表明と応募推奨とを撤回して、当該ＴＯＢに反対意見を表明するに至った。従って、この段階で、フォートレスの買収提案は「敵対的買収提案」であり、そのTOBは「敵対的TOB」に変化したことになる。

その後、前述したユニゾによるホワイトナイトを募るビッド手続で敗れたブラックストーン・グループが、一株当たり五〇〇〇円の買付価格による買収提案(対抗的買収提案ということになる)を行ったが、それについてもユニゾからの同意は得られなかった。フォートレスも右のTOBにおける買付価格を一株当たり五二〇〇円にまで引き上げたものの、やはりユニゾからの同意が得られない中で、最終的に、ユニゾは、同社一部従業員を買収主体としたエンプロイー・バイアウト(「EBO」と呼ばれる。詳細は**第四章3**参照)の実施に踏み切り、二〇二〇年四月三日に同社一部従業員とローンスターとが出資して設立したチトセア投資によるTOB(最終的な買付価格は一株当たり六〇〇〇円)が成立して、約九か月間に及んだ買収争奪戦に幕が下りた。

このように、対抗的買収提案(それを実現する手段としての対抗TOB)は、それが出される段階では基本的に非友好的買収提案(非友好的TOB)であるが、その後における対象会社取締役会の当該提案への同意・不同意によって、友好的買収提案(友好的TOB)か敵対的買収提案(敵対的TOB)のいずれかになる。ただ、第三者から別の対抗的買収提案が出されるといったような事情に応じて、いったんは友好的買収提案(友好的TOB)であったものが敵対的買収提案(敵対的TOB)に変わることや、その逆が生じることがあり得る。

その意味で、「非友好的買収提案」及び「敵対的買収」という概念と、「対抗的買収提案」及び「対抗的買収」という概念とは、一部重なり合う場合があるものの、それぞれ異なった概念である。また、「対抗的買収提案」及び「対抗的買収」という概念は、もっぱら、特定の対象会社をめぐって複数の買い手が争う「買収争奪戦」において登場する概念である、ということがお分かり頂けたかと思う。

ディール・プロテクション（買収取引保護）条項

ちなみに、対象会社が敵対的買収に対して自社が買収されないように講じる手段を「敵対的買収防衛策」と呼ぶが、対象会社を友好的に買収しようとする買収者が、その友好的買収取引を対抗的買収提案から守る（正確には、対抗的買収提案があっても、当初の友好的買収取引が維持されるようにする）手段は、「ディール・プロテクション（買収取引保護）」のための手段と呼ばれ、それが友好的買収に係る契約の中に埋め込まれたものは、「ディール・プロテクション条項（取引保護条項）」と呼ばれる。対象会社を当初の買収取引に「閉じ込めておく（lock up）」ための条項という意味で「ロックアップ（lock up）条項」と呼ばれることもある。

このようなディール・プロテクション条項の例としては、友好的買収に係る契約を対象会社側が解除した場合に一定金額の支払いが必要となるという違約金（ブレークアップ・フィー）条項（欧米では、違約金の額は取引金額の一～三％が多いといわれている）や対象会社が友好的買収者以外の買い手を積極的に探索しにいくことを禁止するというノー・ショップ条項などが挙げられる。

日本で実際に用いられたディール・プロテクションのためのロックアップ条項の例としては、二〇〇四年に公表された三菱東京フィナンシャル・グループ（現・三菱ＵＦＪフィナンシャル・グループ。以下「ＭＴＦＧ」という）とＵＦＪホールディングス（以下「ＵＦＪＨＤ」という）との経営統合の事例が挙げられる。持株会社である両社の合併に先立って、ＭＴＦＧが引き受けた七〇〇〇億円に上るＵＦＪ銀行の優先株式において、ＭＴＦＧに対して、①取締役の選解任や定款変更、合併等の組織再編等に対する拒否権、②他の買収者が現れた場合に議決権ある他の優先株式に転換請求できる旨の転換予約権、及び③ＭＴＦＧとＵＦＪＨＤとの経営統合が二度否決された場合等における当該優先株式の買戻請求権が付与されていた。これらは、当時、ポイズン・ピルであると報道されたりもしていたが、実質的には、ＵＦＪＨＤとの経営統合というディールを守るためのＭＴＦＧにとってのロックアップ条項であったと理解するのが正確である。

米国における「レブロン義務」と日本における「株主利益配慮義務」

ここで少し視点を変えてみて、対象会社（Ｔ社）の取締役会が第三者（Ａ社）への「身売り」を決めた場合、その後に別の第三者（Ｂ社）が敵対的買収を仕掛けてきたときに、当該対象会社（Ｔ社）

は買収防衛策を発動してB社からの敵対的買収を斥けることができるかを考えてみよう。

米国では、このような場合、T社の取締役会はもはや買収防衛策を発動することはできなくなる。なぜなら、判例法上、身売りを決めたときから、T社の取締役会の取締役としての信認義務(フィデューシアリー・デューティー。わが国でいう「善良な管理者としての注意義務」＝「善管注意義務」におおむね相当する。大雑把にいえば、会社及び株主のために注意を尽くして行動すべき義務である)は、その株主にとって最も有利な条件＝最も高い価格でT社の身売りを完遂すべき義務に変化するとされているからである。その旨の判断を示した判決の事件名の一部を取って、この義務は「レブロン義務」と呼ばれている(第三章1で後述)。

そのため、米国では、例えば、経営陣が自ら出資して自社の株式を買い集め、自社を買収する場合、即ち、Management Buyout(略して「MBO」と呼ばれる)を行う場合には、それに対して第三者から対抗的買収提案が出された場合でも、それを、買収防衛策の発動によって妨げることは許されないとされている。同様に、T社の取締役会は、A社による買収提案を受け入れた後に、B社から対抗的買収提案が出された場合には、その条件が株主にとってA社の提案よりも有利である限り、かかるB社の対抗的買収提案を受け入れなければならないものとされている。

それ故、米国では、対象会社の取締役会は、友好的買収取引に係る契約を締結した後でも、その株主にとってより有利な条件の対抗的買収提案が出てきた場合には、当初の友好的買収取引に係る契約を解除して、対抗的買収提案の方に乗り換えなければならないとされている。そうしないと、対象会社の取締役は、株主からレブロン義務違反の責任を追及されることになりかねないからである。そのため、米国では、友好的買収取引に係る契約において、対象会社側からの要望により、（通常、一定の違約金の支払いを条件として）一方的に当該契約を解除することができる旨の条項が盛り込まれている。この条項は、「信認義務違反の状況に陥ることを回避するために、当初の買収取引に係る契約から抜けることを可能にする条項」という意味で、「フィデューシアリー・アウト条項」と呼ばれている。

他方、わが国では、判例上、対象会社の取締役会は、自社の身売りを決めた場合でも、レブロン義務を負うものとはされていない。わが国では、会社法上、取締役は、株主に対してではなく、会社に対して善管注意義務を負うものとされており（会社法三三〇条、民法六四四条）、その意味で、会社の企業価値の最大化を図るべき義務は負っているものの、買収価格の最大化を図るべき義務は負っていないと一般に考えられているからである。

もっとも、わが国でも、判例は、ＭＢＯを実施した会社の取締役が株主から善管注意義務違反を問われた件において、その会社の取締役は、善管注意義務の一環として、「株主の利益に配慮すべき義務」（以下「株主利益配慮義務」という）を負うものとしている（東京高判平成二五年四月一七日判例時報二一九〇号九六頁〔レックス・ホールディングス損害賠償請求事件〕、大阪高判平成二七年一〇月二九日判例時報二三八五号一一七頁〔シャルレ株主代表訴訟事件〕)。この「株主利益配慮義務」の内実については議論があるが、少なくとも、A社による友好的買収提案とB社による対抗的買収提案とで、買収後のシナジー(相乗効果)ないしはディス・シナジー(負の相乗効果)を含めて対象会社の企業価値に及ぼす影響や買収の実現可能性に特に差がないという場合には、対象会社の取締役は、その株主にとってより有利な条件の買収提案を受け入れるべきということになるのではないかと思われる。

それ故、わが国でも、MBOのためのTOB(当然ながら、友好的TOBとして行われることが通常である)が開始された後で、そのTOBにおける買付価格よりも高い価格による対抗TOBが行われた場合に、対象会社の取締役会が、そのような対抗TOBに対して買収防衛策を発動して斥けることは、かなり難しいといえる。

実際、例えば、二〇一九年に公表された、廣済堂(現・広済堂ホールディングス)のMBO(同社経営陣とベイン・キャピタルによるバイアウト)の案件では、当該MBOのためのTOB(当初の買付価格は一株当たり六一〇円)を受けて、村上世彰氏が関与する村上ファンドグループの南青山不動産が開始した対抗TOB(買付価格は一株当たり七五〇円)に対して、廣済堂は特に買収防衛策を導入・発動していない(最終的にいずれのTOBも不成立)。なお、二〇二〇年に公表された、日本アジアグループ(以下「日本アジア」という)のMBO(同社経営陣とカーライルによるバイアウト)の案件では、村上ファンドグループのシティインデックスイレブンス(以下「CI11」という)による対抗TOBが、日本アジアの大幅増配によっていったん撤回された後になってから初めて買収防衛策の導入がなされている(当該買収防衛策の発動については、最終的に、それを差し止める東京高決令和三年四月二三日資料版商事法務四四六号一五四頁が確定)。

このように、わが国でも、レブロン義務は判例法によって認められているわけではないものの、それ(ないしは、わが国の判例で認められている株主利益配慮義務)を一定程度意識した形でM&Aに関する実務が形成されてきている。例えば、フィデューシアリー・アウト条項が友好的買収取引に係る契約において盛り込まれることも、二〇〇四年に公表されたMTFGとUFJHDとの経営統合の事例をはじめとして、近年ではかなり増えてきているように思われる。

3 敵対的買収の効用
――敵対的買収を正当化する論理は何か

企業経営の効率性と効率的市場仮説

少し回り道をしてしまったが、それでは、敵対的買収には何らかの効用があるのだろうか。もし、何の効用もないのであれば、敵対的買収は全て買収防衛策をもって斥ければよいということになる。

この点、敵対的買収を正当化する論拠として最も有力に唱えられているのは、効率的市場仮説という考え方である。この考え方は、上場会社の株式は市場で自由に売買できることが原則である以上、会社の経営支配権をめぐる「市場」というものも観念できる、ということを出発点とする。

対象会社の株式を買い集めようとしても、現在の株価と同額では支配権を取得できるほどの大量の株式を買い集めることは事実上不可能であるため、敵対的買収を行おうとする者(以下「敵対的買収者」という)は、当然、現在の株価に一定のプレミアムを上乗せした価格で対象会社の株式を買い集めることになる。とはいえ、敵対的買収者は、慈善事業でそのような株式買集めをするわけではないので、そのようなプレミアムを支払うからには、経済的に合理的な理由があるはずである。そのような経済的に合理的な理由とは、敵対的買収者が対象会社の現在の経営陣よりも対象会社の価値、言い換えれば、その株式の価値を高めることができる経営能力を有しているということに他ならない。そのような経営能力を有している(という自信がある)からこそ、敵対的買収者は高いプレミアムを支払ってでも対象会社を敵対的に買収しようとするのである。

従って、敵対的買収が広く行われるようになれば、経営能力がない経営者は「会社の経営支配権をめぐる市場」において徐々に淘汰されて行って、そのような市場が効率的である限り、最終的には経営能力に乏しい経営者は全て淘汰され、全ての会社が効率的に経営されるようになる。従って、社会全体の厚生は最大化されることになり、ひいては(社会全体として限りがある)資源の配分も最適化されることになる、というのが、効率的市場仮説のエッセンスである。「会社の経営支配権をめぐる市場」の効率性を信奉する論者からは、このような考え方に基づいて、敵対的買収には企業経営を効率化し、社会全体の厚生を増大させる効用があり、そうであるが故に、敵対的買収をもっと促進すべきである、ということが唱えられるわけである。

経営陣と株主との間の構造的な利益相反を重視する考え方

別の角度から敵対的買収を正当化する主張としては、前記1で述べた、経営者の自己保身へのインセンティブと株主の利益との利益相反に着目する考え方がある。

この考え方は、敵対的買収を対象会社の経営陣が拒否するのは、経営陣に自己保身へのインセンティブがあるからである、ということを出発点とする。経営陣は、対象会社から報酬を得ているだけでなく、対象会社において役職を務めることで社会的な地位・権力を確保しているため、敵対的買収によって、そのような自らの利益が損なわれることを本能的に拒否する自己保身のインセンティブが働く。そのように、自己保身へのインセンティブが働く経営陣と対象会社の企業価値の増大によって利益を得る株主との間には、構造的な利益相反があるため、敵対的買収提案がなされた場合に対象会社の経営陣にそれを阻止・阻害する権能を与えるべきではなく、それを受け入れるか否かは対象会社の株主に委ねるべきである、具体的には、市場で自らの保有株を売却すべきか否かやTOBに応募して自らの保有株を売却すべきか否かはもっぱら株主の自由意思に任せるべきであるというのが、この考え方のエッセンスである。

この考え方は、敵対的買収それ自体に固有の効用があると考えるのではなく、（会社の経営の負託を受けた）経営陣と株主との間には構造的な利益相反が存在するので、経営陣が敵対的買収を阻止・阻害することは、株主の利益に反する可能性があり、そうであるが故に、敵対的買収を阻止・阻害するようなことは認めるべきではない、という考え方であると整理できるであろう。

非常に大雑把にいえば、敵対的買収を正当化する論理は、おおむねこの二つの考え方のいずれかに基礎を置いているように思われる。

4　敵対的買収・アクティビストの問題
——敵対的買収への「抵抗」はどのような場合に許されるのか

それでは、一方的になされた買収提案に対して、対象会社の取締役会が「同意」せず（これによって、定義上、その買収提案は「敵対的買収」提案となる）、「抵抗」することが許されるのは、どのような場合であろうか。これは、簡単にいうと、対象会社の中長期的な企業価値ないし株主共同の利益を毀損する場合(又はその最大化を阻害する場合)ということになるが、具体的には、どのようなケースがそのような場合に該当すると考えられているだろうか。

(1) 対象会社又はその一般株主から買収者への利益移転が生じる場合

グリーンメイリング

第一は、広くいえば、対象会社又はその一般株主から買収者への利益移転が生じる場合である。このような場合の典型例として挙げられるのが、ライブドア対ニッポン放送事件に関して東京高決平成一七年三月二三日判例時報一八九九号五六頁(以下「ニッポン放送事件東京高裁決定」という)が示した四つの類型である。すなわち、①「真に会社経営に参加する意思がないにもかかわらず、ただ株価をつり上げて高値で株式を会社関係者に引き取らせる目的で株式の買収を行っている場合(いわゆるグリーンメイラーである場合)」、②「会社経営を一時的に支配して当該会社の事業経営上必要な知的財産権、ノウハウ、企業秘密情報、主要取引先や顧客等を当該買収者やそのグループ会社等に移譲させるなど、いわゆる焦土化経営を行う目的で株式の買収を行っている場合」、③「会社経営を支配した後に、当該会社の資産を当該買収者やそのグループ会社等の債務の担保や弁済原資として流用する予定で株式の買収を行っている場合」、及び④「会社経営を一時的に支配して当該会社の事業に当面関係していない不動産、有価証券など高額資産等を売却等処分させ、その処分利益をもって一時的な高配当をさせるかあるいは一時的高配当による株価の急上昇の機会を狙って株式の高価売り抜けをする目的で株式買収を行っている場合」など、「当該会社を食い物にしようとしている場合」の代表例として挙げられている四類型である。なお、グリーンメイル(greenmail)とは、恐喝を意味する「blackmail」の「black」を、ドル札が緑色をしていることから「green」に入れ替えて作られた造語である。このうち①の、敵対的買収がグリーンメイリングを目的として行われる場合としては、対象会社の取締役の選解任を左右できるだけの大量の株式を買い集めた上で、対象会社に自社株買いを迫ったり、対象会社の親密先にその買い集めた株式の引き取りを迫ったりするような場合が挙げられる。

わが国における事例としては、一九八九〜九一年に、米国においてもグリーンメイラーとして名を馳せていたT・ブーン・ピケンズが、トヨタ自動車系の有力自動車部品メーカーである小糸製作所の株式を最大約二六・四％まで買い占め、「ケイレツ」批判を繰り返すことで、買い集めた小糸製作所株式をトヨタ自動車に引き取らせようとした事例などがしばしば挙げられる。

焦土化経営

右②の焦土化経営については、従前、わが国でその実例として指摘されているケースは特にないが、教室設例としては、中国や韓国の企業などが、高い技術力を誇るわが国のメーカーを買収して、必要な特許、ノウハウその他の知的財産権を全て吸い上げた上で、当該メーカーのわが国の工場などは全て閉鎖してしまうといった場合が想定される。

LBO

右③の、対象会社の資産を引き当てとして借り入れた多額の借入金を原資として対象会社を買収した上で、買収後は対象会社の資産を切り売りして借入金を返済し、莫大な利益を上げる買収手法(レバレッジド・バイアウト＝LBOと呼ばれる)によって対象会社の企業価値が破壊されたケースとしては、一九八八〜八九年に、当時はLBOを駆使するハゲタカ投資ファンドとして名を馳せていたコールバーグ・クラビス・ロバーツ(以下「KKR」という。KKRはその後路線を大きく変え、現在では、後で述べるようなハンズ・オン型の投資を行うPEファンドとして有名である)が、RJRナビスコを、LBOによって総額約二五〇億七〇〇〇万ドルで買収した事例などがしばしば引き合いに出される。買収後における同社の苦難の道のりは、同社にKKRによってCEOとして送り込まれ、その後、IBMのCEOとなったルイス・ガースナーが、その自伝である『巨象も踊る』で、RJRナビスコのCEO在任時は、来る日も来る日も資産を切り売りしてLBOの際に借り入れた膨大な借入金の返済に明け暮れる日々で、精神的にもつらかったと回想している箇所に活写されている。かつてはＲＪレイノルズやデルモンテ等を傘下に持つ世界的なタバコ・食品メーカーであったＲＪＲナビスコは、現在はバラバラに解体され、その社名はわずかにモンデリーズ・インターナショナルの傘下子会社となったナビスコ等に残るだけとなってしまった。

解体型買収

右の④は、一般的に「解体型（bust up）買収」と呼ばれている。わが国では、例えば、村上世彰氏が率いるいわゆる村上ファンドによるゴルフ場運営大手アコーディア・ゴルフ（以下「アコーディア」という）の株式大量買集めが、それに近いものではないかとして一部の学者等から指摘されることがある。この事例では、アコーディアの株式の二四・四二％を市場で買い集めた村上ファンドグループのレノ等が、二〇一四年三月に、アコーディアとの間で、同社が保有していたゴルフ場の約七割に当たる九〇コースをシンガポールに設立・上場するトラストに売却して得られる一一一七億円のうち、四五〇億円超を用いて大規模な自社株ＴＯＢをプレミアム付きの価格で実施すること等に合意した。その後も、村上ファンドは、当該ＴＯＢの応募契約の当事者でなかったシティインデックスホールディングス等を通じてアコーディア株式を市場で買い進めた。最終的には、村上ファンドは、同年八月に、アコーディアに自社株ＴＯＢ後も二事業年度にわたって合計二〇〇億円以上に上る大規模な株主還元を行うことを約束させた上で、グループ全体で保有していた約三五％の株式のうち約二〇％を自社株ＴＯＢに応募して売却することに成功している。なお、その後、アコーディアは、二〇一七年に外国系の投資ファンドであるＭＢＫパートナーズに一〇〇％買収されたが、二〇二〇年になって、二〇一四年に九〇コースを売却した右のトラストから、総額約六一八億円で八八コースを買い戻すに至っている。

このケースは、一連の経過を全体的にみて、「不動産……を売却等処分させ、その処分利益をもって一時的な高配当をさせる」と共に、プレミアム価格での自社株ＴＯＢによって「株式の高価売り抜けを」した事例に近いのではないかと評価されることもある。

これらがニッポン放送事件東京高裁決定によって提示された四類型であり、俗に「ニッポン放送事件高裁四類型」とも呼ばれている。この高裁四類型は、対象会社又はその一般株主から買収者への利益移転が生じる典型的な場合であって、対象会社の中長期的な企業価値やその株主共同の利益が毀損されるものであることに、おおむね異論はないであろう。

(2) 買収手法が強圧性を有する場合

第二は、対象会社の株主を「強圧性」に晒す買収手法が用いられる場合である。

そのような買収手法の典型として、「二段階買収」が挙げられる。これは、対象会社の現在の株価が一〇〇〇円で、その収益力や将来性を踏まえた客観的に公正な株式価値は一株当たり二〇〇〇円(このような公正な株式価値を「本源的価値」という)であるような場合に、買収者が、発行済株式総数の三分の二は一六〇〇円で、残りの三分の一は一二〇〇円で買い取る、と提案するといった買収手法である。

この場合、対象会社の株主が全ての情報を把握できれば、本来は誰もこのような買収には応じないわけであるが、実際には、割安ではないかと思いつつも、大半の株主は、このような買収に応じて一株一六〇〇円でその持株を売却してしまうと考えられる。何故なら、個々の株主は、たとえ自分自身は一株一六〇〇円という買収価格は割安だと分かっていても、他の株主がそこまで賢いとは信用できないと考えると、他の株主が喜んで一六〇〇円でその持株を一斉に売却してしまえば、自分は残りの三分の一の側の少数株主に転落してしまって、結果的に買収者の意のままに一二〇〇円でしか持株を売却できなくなるリスクがあると考えざるを得なくなる。そのように持株を一二〇〇円でしか売却できなくなる事態を避けるためには、割安だと分かっていても、一株一六〇〇円で泣く泣く持株を手放さざるを得ない、という状況が生じるからである。

これは、ゲーム理論でいうところの「囚人のジレンマ」を利用した買収手法で、非常に巧妙ではあるものの、株主の合理的な意思決定を妨げ、割安であると分かっている価格で持株を処分せざるを得ない状況に追い込む(このような状況に追い込むメカニズムを「強圧性」と呼ぶ)ものである。

そのため、このような買収手法に対しては、一般的に、買収防衛策をもって対抗することが正当化されている。

例えば、一九八五年のユノカル対メサ・ペトロリアム事件では、メサ・ペトロリアムがユノカルに対して、現金五四ドルを対価とするTOB（既存保有分と併せて発行済株式総数の五〇％のみを買い付ける部分買付TOB）を実施し、その際に、当該TOBに応じなかった株主の持株はスクイーズ・アウト手続（現金交付合併）において一株当たり五四ドルのジャンク債と引換えに強制取得する旨を宣言した（デラウェア州では総議決権の過半数の賛成があれば、スクイーズ・アウトができる）のに対して、米国デラウェア州最高裁判所は、ユノカルによる買収防衛策（メサ・ペトロリアムの保有する株式以外の全ての株式を自社株TOBにより一株当たり七二ドルで買い付けるとした）の差止めを認めず、その適法性を是認する判決（Unocal v. Mesa Petroleum Co., 493 A. 2d 946 (Del. 1985)）を下した。これが有名なユノカル事件判決である。

なお、このような強圧性は、買付株式数に上限を設ける部分買付TOB（部分的公開買付け）や市場内買付けによっても生じるとされる。例えば、買収者が対象会社の株式の約四〇％を市場で大量に買い付けたのに対して買収防衛策の発動を適法と認めた東京高決令和三年一一月九日資料版商事法務四五三号九八頁（以下「東京機械製作所事件東京高裁決定」という。最決令和三年一一月一八日資料版商事法務四五三号九四頁によって支持され、確定）では、「抗告人らは、TOBの適用対象外である市場内取引における株式取得を通じて、株券等所有割合が三分の一を超える株式を短期間のうちに買収しており、このような買収行為は、一般株主からすると、投資判断に必要な情報と時間が十分に与えられず、買収者による経営支配権の取得によって会社の企業価値がき損される可能性があると考えれば、そのリスクを回避する行動をとりがちであり、それだけ一般株主に対する売却への動機付けないし売却へ向けた圧力（強圧性）を持つものと認められる〔後略〕」として、市場内買付けによっても対象会社の株主が強圧性に晒される場合があることを正面から認めている。

これは、部分買付TOBや市場内買付けの場合にも、買収者の買収後における経営方針が不明である等の理由により、株主が、そのままでは企業価値が毀損する対象会社に少数株主として取り残され、処分の機会を逸するとの懸念から、リスク回避のために、たとえ割安であると考えていても、その持株を売却する方向に動機づけられる場合があることを根拠とする。

(3) 買収価格が会社の「本源的価値」に照らして安すぎる場合

第三は、買収価格が右(2)で述べた対象会社株式の本源的価値と比較して安すぎる場合である。

例えば、対象会社の現在の株価は一〇〇〇円であるが、その収益性や将来の成長力を勘案して理論的に算出される対象会社株式の公正な価値（本源的価値）が一株当たり二〇〇〇円であるときに、買収者が一株当たり一二〇〇円のTOB価格で対象会社を買収しようとするような場合である。この場合、対象会社の取締役会としては、取締役としての善管注意義務の観点から、そのような敵対的買収に対抗することが許されるものと考えられる。

実際、米国では、対象会社が買収防衛策であるポイズン・ピル（詳細は第四章3で後述する）によって敵対的買収に対抗するときには、その理由として、ほとんどの場合、右の理由、すなわち、買収価格が会社の本源的価値と比較して安すぎるということが挙げられている。

例えば、二〇一九年一一月、ゼロックスは同業のHP（ヒューレット・パッカード）に対して、一株当たり二二ドル（後に二四ドルに引き上げ。総額約三五〇億ドル）を対価とする敵対的買収提案を行ったが、HPはそれを「本源的価値と比較して著しく過小評価である」として翌二〇二〇年二月にポイズン・ピルを導入する等して対抗し、最終的に、ゼロックスは同年三月に、コロナ禍もあって、敵対的買収提案を撤回するに至った。

(4) 中長期的な企業価値が毀損される（又はその最大化が妨げられる）場合

第四は、敵対的買収が、対象会社の企業文化を破壊すること等により、その中長期的な企業価値を毀損する（又はその最大化を妨げる）場合である。

一九八九年のパラマウント対タイム事件では、タイムとワーナーとの間で合併契約が締結され、その承認議案がタイムの株主総会に付議されることとなった段階で、パラマウントがタイムに対して、一株当たり一七五ドル（後に二〇〇ドルに引き上げ）の現金を対価とする全部買付けのTOBにより買収することを提案したのに対して、タイムの取締役会が、ワーナーとの合併を、現金とタイム株式を対価とする全部買付けのTOBによるワーナーの買収（これによって、タイムは七〇～八〇億ドルの債務を負うことになる）に切り替えて対抗し、パラマウントがこのタイムのTOBの差止めを求めた。この事案について、米国デラウェア州最高裁判所は、タイムの取締役会は、株主の短期的利益の最大化のために会社の戦略を放棄する義務を負わず、ワーナーの買収がその長期的戦略に適い、タイムの文化を維持することができるとして、ワーナーに対してTOBをすることは合理的対応として許されるとする判決（Paramount Communications, Inc. v. Time Inc. 571 A. 2d 1140 (Del. 1989)）を下した。これが有名なタイム事件判決である。

このタイム事件判決の捉え方自体についても争いがあるが、一般的には、この判決は、敵対的買収が、対象会社の企業文化を破壊すること等により、その中長期的な企業価値を毀損する（又はその最大化を妨げる）場合には、敵対的買収に対して対抗措置を講じることが許されるとしたものであると考えられている。

また、このタイム事件判決の考え方を基礎として、敵対的買収が、短期的には対象会社の企業価値や株主の利益に適うものであっても、その中長期的な企業価値を毀損する（又はその最大化を妨げる）ような場合には、一般に、それに対して抵抗することは許されるものと考えられている。例えば、敵対的買収者が、株価以上のプレミアムを付して対象会社の支配権を取得するとともに、買収後に大規模な自社株買いを実施する場合、株主に短期的には利益をもたらすとしても、それによって対象会社の将来の成長のための原資、すなわち、設備投資や研究開発投資に必要な資金が枯渇し、その中長期的な企業価値が毀損される（又はその最大化が妨げられる）ようなときは、そのような敵対的買収を阻止することは許されると考えられている。

二〇一五年に金融庁と東京証券取引所によって制定され、二〇一八年、二〇二一年と二度にわたって改訂されたわが国のコーポレートガバナンス・コードでも、その基本原則二において、「上場会社は、会社の持続的な成長と中長期的な企業価値の創出は、従業員、顧客、取引先、債権者、地域社会をはじめとする様々なステークホルダーによるリソースの提供や貢献の結果であることを十分に認識し、これらのステークホルダーとの適切な協働に努めるべきである」等とされているほか、随所にキーワードとして「持続的な成長」及び「中長期的な企業価値の向上」という語句が用いられており、敵対的買収によって対象会社の持続的な成長が困難になったり、中長期的な企業価値が毀損される（又はその最大化が妨げられる）ような場合には、そのような敵対的買収に抵抗することが許される旨を示唆している。

ステークホルダーの利益が害される場合

なお、このタイム事件判決のロジックを超えて、従業員や工場が所在する地域社会など対象会社の株主以外のステークホルダーの利益をどこまで考慮して敵対的買収に抵抗することが許されるかについては、米国では否定的な論調が圧倒的であるように思われるが、米国と比較して後述する「ステークホルダー資本主義」の考え方が強い欧州諸国やわが国では、様々な議論がなされているところである。

5　敵対的買収の手法

敵対的TOB

敵対的買収の手法として現在最もよく用いられるのはTOBである。

TOB(Take Over Bid の略語である)は、一株当たり××円で、対象会社の株式を、何月何日から何月何日までの間(この期間を「TOB期間」という)、最大で○○株(この○○株を「TOBの上限」という)、最低△△株買う(△△株以上応募が集まらなければ買わない)ということ(この△△株を「TOBの下限」という)を公開買付届出書に記載して提出した上で、公開買付開始公告をし、それによって、対象会社の株主に、その持株を売却するように申し込む手続である。このようなTOBの手続は、会社法ではなく、資本市場を規律している金融商品取引法(以下「金商法」という)によって定められている。

敵対的買収の手法としてＴＯＢの手続が多用されるのは、市場で対象会社の株式を買い付ける場合には、目標となる株式数を取得するまでどれだけの金額を要するかの予測が困難であるが、ＴＯＢによれば、目標とする対象会社の株式数を予算内で取得することが可能であるところ、ＴＯＢ期間はわが国では最低二〇営業日(対象会社が期間延長請求権を行使すれば最低三〇営業日)、最大で六〇営業日(買付条件を変更すれば延長可能)と定まっているため、(対象会社に期間延長請求権を行使されたとしても)三〇営業日の短期決戦で、対象会社がホワイトナイト(後述する)等に救援を求める十分な暇を与えることなく、買収を成功させることができるからである。

また、後述する委任状争奪戦による対象会社の取締役会の入替えによる方法では、それに成功した場合でも、入替えによって得られる企業価値向上の利益は他の株主も享受することができる一方で、失敗した場合には、ＴＯＢの場合と異なって、取得した株式を売却することによって一定の投資回収を行うことすらできず、買収者が委任状争奪戦のために費やした費用は全て損失になるため、ＴＯＢの方がより効率的な買収手法である。このことも、敵対的買収の方法としてＴＯＢが多用される理由と考えられる。

ＴＯＢが開始された場合、金商法上、対象会社の取締役会は意見表明を行うものとされているが、取締役会が反対又は中立の意見表明を行うもの（賛同の意見表明がなされないもの）が「敵対的TOB」と呼ばれる。

なお、わが国では、現行法上、大雑把にいえば、上場会社の総議決権数の三分の一超に当たる株式を有償で買い付ける場合にはTOB規制が強制的に適用される（強制TOB規制）が、EU諸国や英国のように市場内買付けを行う場合にも一定の議決権割合を超える買付けの場合には義務的にTOBを行わなければならないものとはされておらず（EU諸国や英国におけるこのような規制は「義務的公開買付制度」と呼ばれる）、金商法上、市場内買付けのみで総議決権数の三分の一超の株式を買い付ける場合には、強制TOB規制は適用されない。

しかしながら、二〇〇五年二月に、ライブドアが市場内取引の一種であるToSTNeT《トストネット》—1による立会外取引を用いてニッポン放送の株式の約三五％を電撃的に取得した、いわゆるライブドア事件が起きたため、立会外取引を用いた株式の大量取得は、実質的に強制TOB規制の潜脱ではないかということが問題となった。そこで、同年七月に当時の証券取引法（以下「旧証取法」という）が改正され、現在では、東証の取引システムであるToSTNeTを用いた取引のような立会外取引は、市場内取引ではあるものの、例外的に強制TOB規制の適用を受けるものとされている。

敵対的TOBは、このように、効率的に対象会社の経営支配権を取得することができる手法として、米国では特に一九六〇年代以降広く用いられるようになったが、わが国では、二〇〇〇年一月に村上ファンドが昭栄(現・ヒューリック)に対して初の敵対的TOBを実施(最終的に当該TOBは失敗)するまでは、全く用いられてこなかった。

これは、当時、わが国では、友好的買収の手段としてもTOBがほとんど用いられていなかったことや、株式の持ち合い構造が強固で、対象会社の株主が敵対的TOBに応募して株式を売却することが余り期待できなかったためではないかと思われる。

しかしながら、第三章で後述するとおり、現在では、わが国でも敵対的買収の手段として敵対的TOBが用いられる例が増加している。

市場内買付け

第三章で詳述するとおり、敵対的TOBが敵対的買収の手法として主流となる前に、日本においても米国においても委任状争奪戦と並んでよく用いられていた手法が市場内買付けである(米国では market sweep とも呼ばれる)。

これは、株式市場において株式を大量に買い集める手法であり、かつては市場内買付けで会社の経営支配権を奪取しようとする者とそれに対抗する会社経営陣の親密先との間で展開される買収争奪戦は、仕手戦と呼ばれていた。

現在では、EU諸国及び英国においては、一定の持株割合(三〇%など)以上の株式を取得する場合には必ずTOBを実施することが義務付けられているため(義務的公開買付規制)、市場内買付けによって対象会社を買収することは実質的に不可能である。また、米国では、**第五章1**で後述するとおり、いわゆる八要素テスト(8 factor test)に基づきTOB規制が適用されるか否かが判断され、市場内買付けであればTOB規制がア・プリオリに適用されないということにはなっていないため、市場内買付けを通じて対象会社を買収する例は非常に少ない。

他方、日本では、市場内買付けであればTOB規制がア・プリオリに適用されないため、現在でも、市場内買付けを通じて対象会社が買収される例はそれなりに存在し、そのために様々な問題が生じている。

委任状争奪戦

敵対的買収のために用いられる第三の手法は委任状争奪戦(委任状勧誘)である。

これは、対象会社の取締役選解任の議案につき、対象会社の株主から委任状を取得して、株主総会で出席株主が行使する議決権の過半を制して、対象会社の取締役を入れ替えて経営支配権を掌握する手法である。

第三章で後述するとおり、敵対的TOBが敵対的買収の手法として一般的になる以前は、欧米でもわが国でも、敵対的買収に用いられる手法といえば委任状争奪戦であった。

もっとも、米国では、一九六〇年代以降は、右で述べたとおり、敵対的買収に際しては敵対的TOBが用いられるのが一般的となったが、一九八二年に買収防衛策として新たにポイズン・ピルが開発されると、導入・発動されたポイズン・ピルを消却し、敵対的買収を完遂するための手段として、再び委任状争奪戦が広く用いられるようになってきた。これは、裁判所によって、委任状争奪戦によって株主総会で取締役を入れ替えた後も消却できないデッドハンド・ピルや、入れ替えた後も一定期間は消却ができないスローハンド・ピルは、取締役の信認義務に反する違法なポイズン・ピルとされたことによる。

ベア・ハグ

この他に、敵対的買収のために用いられる第四の手法として、ベア・ハグがある。

これは、買収提案をする際、それを最初から、又はいったんは秘密裡に提案して対象会社の取締役会に拒否されてから、公開書簡の形で行って、提案を一般に公開するという手法である。「ベア・ハグ(Bear Hug)」は、直訳すれば「熊の抱きつき」であるが、これは、取締役(会)は善管注意義務を負っているため、買収提案を受け取った場合には、その提案を真摯に検討し、必要な場合には交渉を行うことを合理的な理由なく拒絶できないことを踏まえた手法であり、「熊が抱きつく」ので逃げられないという含意がある。ちなみに、提案を公表しないものを含めて「ベア・ハグ」といい、公表するものを特に「パブリック・ベア・ハグ」ということもある。

これを行うことによって、対象会社の株主から、「これだけ好条件の買収提案なのに、取締役会としてこの提案を真摯に検討しないのは取締役の善管注意義務違反ではないか」という声が湧き起こり、対象会社の取締役会が買収提案を受け入れざるを得ないようにプレッシャーをかけることができる。

対象会社の取締役がその買収提案を受け入れれば、その提案に基づく買収は「友好的買収」ということになるし、受け入れなければ、場合によっては、委任状争奪戦を仕掛けて、対象会社の取締役を、当該買収提案を支持する者に入れ替えるというステージに進むことになるので、厳密にいえば、ベア・ハグは敵対的買収のための独立の手法とは言い難い。しかし非友好的買収提案をするための手法としては(特に欧米諸国では)広く用いられているので、ここで紹介しておく次第である。

なお、近時、わが国では、「予告ＴＯＢ」と呼ばれる、公開買付届出書を提出して正式にＴＯＢを開始することまではしないが、ＴＯＢの条件及び対象会社の取締役会の賛同が得られたらＴＯＢを開始する予定である旨をプレスリリース等で公表して、対象会社の取締役会にそれを受け入れるよう圧力をかける手法が用いられた事例が散見される。これは、広くいえば右のベア・ハグの一種であると考えられる。例えば、前記2で述べたユニゾをめぐる買収争奪戦の事例において、ホワイトナイトを募るビッド手続で敗れたブラックストーン・グループが、一株当たり五〇〇〇円の買付価格による買収提案を行ってその旨を公表したこと等が、わが国で「ベア・ハグ」が行われた実例である。

コラム② 新聞社は敵対的買収の対象にならない?!

わが国の有力新聞はしばしば、「敵対的買収を阻害する買収防衛策は、株主の利益を軽視するものであって許されない」といった主張を展開する。しかし、それらを発行する新聞社の多くは、法的に決して敵対的に買収されることはない、といったら読者諸兄諸姉は驚かれるであろうか。

もちろん、わが国には、株式を上場している新聞社は存在しないので、その意味では敵対的買収は難しい。とはいえ、わが国の有力新聞社は全て株式会社であり(かつては合名会社や合資会社形態の新聞社も存在した)、その意味で、前記1で述べたとおり、その出資持分の譲渡に原則として他の社員全員の同意が必要な合名会社、合資会社及び合同会社と異なって、理論的には敵対的買収は可能なはずである。

しかしながら、わが国には日刊新聞紙法（正式名称は「日刊新聞紙の発行を目的とする株式会社の株式の譲渡の制限等に関する法律」）という一九五一年に制定された法律があり、同法の一条で、「〔前略〕日刊新聞紙の発行を目的とする株式会社にあつては、定款をもつて、株式の譲受人を、その株式会社の事業に関係のある者に限ることができる。この場合には、株主が株式会社の事業に関係のない者であることとなつたときは、その株式を株式会社の事業に関係のある者に譲渡しなければならない旨をあわせて定めることができる」と定められており、わが国の有力新聞社の多くは定款に同法に基づく譲渡制限条項を盛り込んでいる（但し、毎日新聞社や産経新聞社は通常の閉鎖会社である）。

例えば、日本経済新聞社は、その定款第九条で「本会社の発行するすべての株式の譲渡による取得については、取締役会の承認を要するとともに、株式の譲受人は本会社の事業に関係のある者に限る」と定め、第一〇条で「本会社の株主が本会社の事業に関係のない者となったときは、遅滞なく本会社の事業に関係ある者にその株式を譲渡しなければならない」と定めている。

このため、わが国の有力新聞社の多くは、単に閉鎖会社であるだけでなく、既存の株主がその新聞社の事業と関係ない者となった場合には、その株式の譲渡を強制される仕組みとなっている。

この日刊新聞紙法は、新聞における言論の自由を確保し、報道の正確を保持し、その伝統を守るために制定されたものとされており、新聞における編集権の独立の観点から、その立法趣旨には頷けるところもあるが、このような特別の法律で敵対的買収から守られていることは、余り知られていないのではないだろうか。

第二章　アクティビストとは

1　アクティビストとは——その実像

アクティビストと機関投資家はどう違うか

アクティビストとは何者か。確立した定義のようなものはないが、一般に、「その潜在的な資産価値に比較して株価が割安な対象会社の株式の数%〜数十%を取得して、対象会社に経営の効率化や株主還元の強化等の要求を行ってその株価を引き上げる等した上で、数か月から数年後に保有株式を売却してリターンを上げる投資家」と言われている。俗に、「物言う株主」と呼ばれることもある。

このように、アクティビストが行う活動、すなわち、対象会社に株主還元等の要求を行い、場合によっては株主提案等の法的手段を駆使する等して、潜在的な対象会社の価値を顕在化させる活動を、一般に「アクティビスト活動」という。

わが国では、金融庁が(二〇一五年に制定されたコーポレートガバナンス・コードとセットで)二〇一四年に制定した機関投資家向けの行動規範であるスチュワードシップ・コードの下で、機関投資家も、投資先会社に対して、対話と働きかけを行うことによりその企業価値を高め、リターンを上げるべきものとされている。従って、機関投資家（特にアクティブ投資家）とアクティビストとの境界線は曖昧になってきている。もっとも、機関投資家が対象会社に敵対的買収や非友好的買収提案を行うことはないので、投資手法として、それらを用いることもいとわない投資家であれば、アクティビストと呼んでもよいであろう。

もっとも、事業会社（ストラテジック・バイヤー（※））が、対象会社を買収することでシナジー（相乗効果）を発揮して自らの企業価値を高めることを目的として、敵対的買収や非友好的買収提案を行うこともある。それ故、敵対的買収や非友好的買収提案を行うことをいとわない者が全てアクティビストというわけではない。

（※）ストラテジック・バイヤーとは、投資ファンドのように投資リターンを上げることを目的とするのではなく、自らの事業を多角化したり、既存事業とのシナジーで事業をさらに発展させたりすることを目指して、会社や事業を買収する者又は買収しようとする者のことである。

Bumpitrage を駆使

また、アクティビストは、Bumpitrage を始めとする「アービトラージ（さや取り、裁定取引）」と呼ばれる投資手法を駆使する点で、通常の機関投資家と異なっている。それ故、対象会社に経営の効率化や株主還元の強化等の要求を行う投資家のうち、そのような投資手法を用いる投資家も、アクティビストと呼ぶことができるであろう。なお、アービトラージを行う投資家としてはヘッジファンドも挙げられるが、ヘッジファンドは、対象会社の経営に働きかけることはない。

「Bumpitrage」とは、Bump（衝突）とArbitrage（裁定取引）とを組み合わせた造語である。たとえば、対象会社が他の会社とM&Aを行うことを公表した後で、対象会社の株式を大量に買い集めてM&A取引成立のキャスティングボートを握り、当該他の会社（通常はM&A取引の買い手）に圧力をかけて取引の条件を対象会社に有利になるように変更させ、それによって上昇した株価等で買い集めた対象会社株式を売り抜けて、多額の利益を上げる投資手法である。

わが国におけるBumpitrageの実例として、例えば、二〇一七年にパナソニックが上場子会社のパナホーム（現・パナソニック ホームズ）を完全子会社化しようとした際に、アクティビストが異を唱えたケースが挙げられる。これは、有力アクティビストのオアシス・マネジメント（以下「オアシス」という）が市場でパナホームの株式を約九%弱買い集め、買収スキームを、株式交換ではなく、パナホームの株主により有利なプレミアム価格によるTOBに変更することを求めたというものである。オアシスは、パナホームによる賛同等を条件に一株当たり一〇五〇円でTOBを行う意図がある旨通知するなどして揺さぶりをかけ、最終的に、パナソニックは買収スキームをTOB（TOB価格は一株当たり一二〇〇円）に切り替えることを余儀なくされた。

この他、二〇一七年にKKRが日立製作所から日立国際電気（現・KOKUSAI ELECTRIC）を買収する際、有力アクティビストのエリオット・マネジメント（以下「エリオット」という）が市場で日立国際電気の株式を約九％弱買い上がって介入し、最終的に、KKRがTOB価格を二度引き上げることで辛くもTOBの成立に漕ぎ着けた事例や、二〇二一年に片倉工業がオアシスを始めとする同社の複数の大株主から同意を取り付けた上で、TOBを用いたMBO（経営陣による非公開化のための買収）に踏み切ったところ、光通信関係者が所有する鹿児島東インド会社が、TOB価格を上回る価格でオアシスの保有株を取得した上で、TOB価格が安すぎるとして当該TOBに反対を表明したため、最終的に当該TOBが不成立に終わった事例もよく知られている。近時、このようなBumpitrage は益々一般化してきている。

少数株主権の行使をいとわず

さらに、機関投資家は、一般的には、投資先会社に対して株主提案を行ったり、委任状争奪戦を仕掛けたり、（株主代表訴訟や証券訴訟の提起を除くと）会計帳簿閲覧請求権を始めとする少数株主権を行使することは余りない。それ故、それらを行うことをいとわない投資家も、アクティビストと呼ばれることが多いと思われる。

もっとも、二〇二一年には、米バークシャー・ハザウェイに対して、カリフォルニア州職員退職年金基金（CalPERS）、ケベック州貯蓄投資公社（CDPQ）及びフェデレーテッドハーミーズが共同でダイバーシティ&インクルージョン(D&I)に関する情報開示を求める株主提案を行うなど、近時では、年金基金を含む機関投資家も株主提案等を行う動きを徐々に強めており、この部分におけるアクティビストと機関投資家との差異は不分明になってきているのが実情である。

サード・ポイントを率いる投資家ダニエル・ローブ氏

投資ファンドとアクティビストとの違い

アクティビストは、現在の村上ファンドや米国のカール・アイカーンのように、主として自己資金により投資してアクティビスト活動を行う投資家と、米サード・ポイントやエフィッシモなど、顧客から集めた資金を投資してアクティビスト活動を行う投資ファンドとに分けることができる。後者は投資ファンドなので、アクティビスト・ファンドと呼ばれることもある。

逆に、前者は他人の資金を運用していないため、厳密にいえばファンドとはいえず、本書で度々言及する村上ファンドも、顧客から集めた資金を運用していた当時であればともかく、現在では、主として自己資金により投資を行うようになっており、村上「ファンド」と呼ぶのは不正確といえる。もっとも、マスコミでは現在も「村上ファンド」と呼称されているので、本書でも読者の便宜のため、それに従うことにしたい。

従って、アクティビストの全てが投資ファンドということではない。

他方、世間では、一部に、投資ファンドは全てアクティビスト・ファンドであるかのように誤解する向きもあるが、投資ファンドには、対象会社を友好的に買収し、人材を送り込んで、自らが持つネットワークやノウハウを活用して、ハンズ・オン（自ら経営層に人材を送り込んで企業価値向上を図ること）で対象会社の企業価値を向上させた上で売却して利益を上げるプライベート・エクイティ・ファンド（PEファンド）と呼ばれるもの（例えば、カーライルやベイン・キャピタル、アドバンテッジパートナーズなどが著名である。KKRも近時ではこのPEファンドであると考えられている）や、株式や債券等に投資し、裁定取引等を駆使して利益を上げるヘッジファンドと呼ばれるもの（ジョージ・ソロス氏が設立・運用していたクォンタム・ファンドなどが著名である）など、様々なファンドが含まれる。アクティビスト・ファンドはあくまで投資ファンドのうちの一種に過ぎない。

ハゲタカ・ファンドとアクティビスト・ファンド

読者の中には、真山仁原作でNHKにおいて放映された土曜ドラマ『ハゲタカ』をご覧になった方もおられると思われるが、「アクティビスト・ファンド」と似たような言葉として「ハゲタカ・ファンド」という言葉がある。それではハゲタカ・ファンドはアクティビスト・ファンドの別名なのであろうか。

結論的には、アクティビスト・ファンドを含めてハゲタカ・ファンドと呼ばれることもあるが、ハゲタカ・ファンドと呼ばれるものが全てアクティビスト・ファンドではない。

ハゲタカ・ファンドとは、一九九〇年代後半にわが国で不良債権処理が大きな社会問題となったときに、不良債権投資で巨額の収益を上げたリップルウッド、ローンスター、サーベラス等の投資ファンドを指すことが多い。アクティビスト・ファンドで、ブルドックソースに敵対的TOBを仕掛けたスティール・パートナーズや、ニッポン放送の株式を買い集めてライブドアに売り抜けたり、阪神電気鉄道の株式を買い占めて阪急ホールディングス(現・阪急阪神ホールディングス)に売り抜けたりした村上ファンドについても、ハゲタカ・ファンドと呼ばれることがあった。

結局のところ、「ハゲタカ・ファンド」とは、短期的なさや取りによって巨額の利益を上げる一部の投資ファンドについて、その投資収益率の高さに、ある種の「畏怖」を込めて付けられた呼称というべきではないかと思われる。

2　主要なアクティビスト

わが国では、二〇〇〇年以降、村上ファンドやスティール・パートナーズなどのアクティビストが登場するに至ったが、現在、わが国で投資活動を行っているアクティビストとしては、日本国籍の者が（シンガポールないし日本等を拠点として）投資運用を行っているものと、外国籍の者が投資運用を行っているものとがある。

前者としては、村上ファンド、エフィッシモ、ストラテジックキャピタル、3Dインベストメントなどが代表的である。

後者としては、米国を拠点とするサード・ポイント、エリオット、バリューアクト・キャピタル、パーシング・スクエア、グリーンライト・キャピタル、香港を拠点とするオアシス、英国を拠点とするThe Children's Investment Fund（以下「TCI」という）、ADV、シルチェスターなどが著名である。

わが国における主なアクティビストによるアクティビスト活動の例は、**表2-1**に掲げたとおりである。

3　アクティビストの戦術

株主提案・委任状争奪戦

アクティビストは、対象会社に対してアクティビスト活動を行ってその株価を引き上げ、株価

アクティビスト活動の例

手法・主張
敵対的 TOB
増配・自社株買いを株主提案
敵対的 TOB
敵対的 TOB
MBO を提案
敵対的 TOB
大幅増配・自社株買い等の株主提案
CMS への資金預託につき違法行為差止請求訴訟を提起
エンターテイメント部門の分離上場を提案
徹底した株主還元を提案・要求
敵対的 TOB
自社株買い，指名委員会等設置会社への移行等を株主提案
半導体部門のスピン・オフを提案
イトーヨーカ堂(ノンコア事業)のスピン・オフ，ガバナンス体制の強化等を提案
取締役の過半数入れ替え等を提案
社外取締役派遣を議題とする臨時株主総会招集請求
敵対的 TOB
自社株買い，社外取締役の増員を提案
取締役解任を議題とする臨時株主総会招集請求
コンビニ事業への集中等を提案
TCFD に基づく計画開示の定款変更，自社株買い等を株主提案
第 1 回：社外取締役 2 名の選任 第 2 回：社外取締役 4 名の選任
第 1 回：代表取締役社長の取締役再任反対 第 2 回：現任社外取締役 6 名解任と新任社外取締役 6 名の選任

表 2-1　わが国における主なアクティビストによる

	アクティビスト	対象会社
2000	村上ファンド	昭栄
2002	村上ファンド	東京スタイル
2003	スティール・パートナーズ	ソトー
2003	スティール・パートナーズ	ユシロ化学
2005	村上ファンド	阪神電鉄
2007	スティール・パートナーズ	ブルドックソース
2008	TCI	電源開発
2009	エフィッシモ	日産車体
2013	サード・ポイント	ソニー
2014	村上ファンド	アコーディア
2015	エフィッシモ	セゾン情報システムズ
2019	ファー・ツリー	JR 九州
2019	サード・ポイント	ソニー
2019	オアシス	セブン&アイ・ホールディングス
2019	キング・ストリート	東芝
2020	村上ファンド	レオパレス 21
2020	村上ファンド	東芝機械
2020	エリオット	ソフトバンクグループ
2020	オアシス	東京ドーム
2021	バリューアクト・キャピタル	セブン&アイ・ホールディングス
2021	オアシス	東洋製罐グループホールディングス
2022	3D インベストメント	富士ソフト（第 1 回・第 2 回）
2022	オアシス	フジテック（第 1 回・第 2 回）

が十分高くなったところで取得した対象会社株式を売却して利益を上げる、というビジネスモデルを採用しているため、対象会社に株価を高める施策を採用してもらう必要がある。

対象会社が要求に応じて自主的にそのような施策を講じてくれれば、アクティビストとしてはそれ以上の行動をとる必要はないが、そうでない場合には、そのような施策を講じるように圧力をかける必要がある。

そのための手段として最も多用されているのが、株主提案である。これは、わが国では三万株か発行済株式総数の一％以上の株式を六か月以上保有していれば提出でき、株主総会招集通知に会社の費用で議案の内容や提案理由を記載してもらうこともできるため、広く用いられる。

また、株主提案が対象会社の株主総会で可決される蓋然性を高めるために、積極的に株主に委任状を提出して貰うように働きかける(「委任状勧誘」と呼ばれる)場合もある。これに対抗して会社側が株主提案に反対する(又は会社提案に賛成する)委任状勧誘を行う場合があり、そうなると委任状争奪戦(プロキシー・ファイト)となる。

わが国で、アクティビストが株主提案を行った結果として委任状争奪戦となった例としては、二〇〇二年に村上ファンドが東京スタイルに対して増配や自社株買いの株主提案を行って委任状争奪戦となった事例や、二〇〇八年にＴＣＩが電源開発(Ｊパワー)に対して自社株買いや大幅増配の株主提案を行って委任状争奪戦となった事例等が著名であるが、近年は事例が益々増えている。

臨時株主総会招集請求

また、二〇一九年以降は、毎年一定の時期に開催される定時株主総会において株主提案を行うのではなく、定時株主総会の開催時期（三月決算会社の場合には通常六月である）ではない時期に、一定の議題（例えば、役員の選任）及び議案（例えば、X氏の社外取締役への選任）の審議を目的とした臨時株主総会の招集請求を行って、対象会社に圧力をかける事例も増えてきている。

例えば、二〇一九年の年末、村上ファンドがレオパレス21に対して取締役の入れ替えを求める臨時株主総会の招集請求を行い、最終的に翌二〇二〇年二月に開催された臨時株主総会では、会社側の候補者二名が取締役に選任される一方、村上ファンド側の候補者の取締役選任議案は否決されるに至っている。

また、二〇二〇年四月にオアシスの臨時株主総会招集請求を受けて開催されたサン電子の臨時株主総会では、創業家と会社経営陣との対立に乗じて、オアシスが取締役の大幅な入れ替えに成功している。

会計帳簿閲覧請求・業務検査役選任請求

アクティビスト側が対象会社に圧力をかけるために用いる手段としては、以上のほかに、会計帳簿閲覧請求及び業務検査役選任請求もある。どちらもともに持株割合が三％以上の株主が行使できる少数株主権で、不正の行為や法令・定款に違反する重大な事実があると疑われる場合に用いられる。

例えば、アクティビストではないが、不動産会社の秀和が、ダイエーの別動隊として、首都圏に食料品スーパーを展開するいなげやの株式の二六％超を買い占め、会計帳簿閲覧請求を行って資料を収集した上で、子会社に対する貸付けや増資引受が善管注意義務違反に当たる疑いがある等として、裁判所に対して業務検査役選任請求を行った事例がある(東京高決平成一〇年八月三一日金融・商事判例一〇五九号三九頁により申請却下が確定)。

この業務検査役選任請求が認められると、業務や財産の調査を行う業務検査役が会社に乗り込んでくることになる。業務検査役は、役職員に対するヒアリングや電子メールのフォレンジック調査を含めた調査を子会社に対しても実施できる強大な権限を有しているため、会社の日常業務に対する影響は計り知れない。

ウルフ・パック

日本ではまだあまり例がないが、欧米でアクティビストがしばしば用いる戦術として、ウルフ・パック(wolf pack)と呼ばれるものがある。

ウルフ・パック戦術(群狼戦術)とは、複数のアクティビスト等が暗黙裡に協調行動をとることで対象会社に圧力を加え、大幅増配や自社株買い、経営方針の変更等の要求を実現する戦術をいい、二〇〇〇年代に入ってから欧米で広く見られるようになった。

この戦術が対象会社の経営陣に圧力を加える手法として有効であるのは、先進諸国では、日本でいう大量保有報告規制(いわゆる五%ルール)が存在しており、上場会社の株式の三〜五%以上を買い集めると、株主は買い集めた株式の数量等を開示しなければならないとされていることの裏をかくことができるからである。ウルフ・パック戦術を用いて複数のアクティビストたちが大量株式保有規制に抵触しない程度の数量の株式を協調して買い進めれば、対象会社に大量買集めの事実を知られることなく、実質的に株主総会の結果を左右するだけの株式(約二〇〜四〇%)を掌握することができる。そして、対象会社が大量買集めに気付いたときには、もはやそれらアクティビストの要求を呑まざるを得ない状況に追い込むことができる。

ウルフ・パック戦術が用いられ、対象会社側がアクティビスト側の要求に屈した実例としては、二〇〇四年一二月にロンドン証券取引所に対して買収提案を行ったドイツ証券取引所が、買収断念に追い込まれた事例が著名である。この際、ドイツ証券取引所は、その株式の約五%を買い占めたTCIと約二%を買い占めた米国のヘッジファンドであるアティカス・キャピタル等によるウルフ・パックにより、翌年、買収計画の断念と監査役会会長及びCEOが退任に追い込まれた。二〇一三年に、英国の競売大手サザビーズが、有力なアクティビスト・ファンドであるサード・ポイント、トライアン・ファンド(以下「トライアン」という)及びマルカート・キャピタルに株式の一五%超を買い占められ、ポイズン・ピルを導入するなどして対抗したものの、翌年、委任状争奪戦の末、最終的にサード・ポイントによる社外取締役の派遣を受け入れ、CEOが退任に追い込まれた例なども、よく知られている。

なお、アクティビスト側が水面下で連絡を取り合った上で、協調して対象会社に圧力をかける行動については、本来的には、それら複数のアクティビストを「グループ」(わが国の大量保有報告規制上の用語でいえば「共同保有者」)として開示を求めるのが各国の大量保有報告制度の共通した制度趣旨であるが、アクティビスト側は、法令上の要件をかいくぐり、大量保有を行っている事実を開示することが自らにとって戦術上有利になるタイミングまで開示を行わないことが通例である。

また、このように、協調して(エクイティ・デリバティブなども駆使しながら)株式を買い上がっていることを秘匿しておくことで、対象会社の株価が思惑によって高騰することを抑止して、割安な取得価格で株式を大量に買い集めることができる。そして、タイミングを選んで突如として大量の株式保有を開示して対象会社に要求を突きつけ、自らが多額の投資リターンを得られるような施策を対象会社に実施させるのである。

日本版（仕手筋）ウルフ・パック

二〇一九年前後から、わが国では、仕手筋をはじめとする複数の投資家が、株式時価総額がそれほど大きくない中小の上場会社の株式を、主として市場内で短期間に協調しながら大量に買い上がり、対象会社の経営陣をその影響下に置いたり、場合によっては、臨時株主総会の招集請求や株主提案と委任状勧誘とを組み合わせて、対象会社の経営陣の入れ替えを図ったりする事例（プラコー、北日本紡績、三ッ星の例などがその例として指摘されることが多い）が増加している。しかも、多くの場合には、それら複数の投資家の中心となっている者（主導的投資家）は、大量保有報告書やその変更報告書の提出を遅延したり、その保有目的や重要提案行為等について不正確な（ないし虚偽の）記載を行ったり、合理的にみて共同保有者と考えられる株主を共同保有者として記載しなかったりしている。

これは、欧米で広く見られる右のウルフ・パック、即ち、複数のアクティビスト・ファンドが、特定の経営目標（大規模な自社株買いや、スピン・オフを含む事業ポートフォリオの入れ替え、経営実績が芳しくないＣＥＯの更迭等）を対象会社に受け入れさせるために、上場会社の株式を一斉に買い上がり、株主提案と委任状勧誘とを組み合わせて、かかる目標の実現を図る行為ないし現象と、外形的には似通っている。しかしながら、わが国の事例では、それら複数の投資家が目指している特定の経営目標は必ずしも明確ではなく、そもそも対象会社の経営支配権を実質的に掌握すること自体が目的となっているのではないかと考えられ、しかも、大量保有報告規制への違反が疑われるケースが非常に多いという特徴がある。そこで、そのような特徴を有するわが国の「ウルフ・パック」的な行為ないし事象は、わが国特有の現象という意味も込めて、「日本版ウルフ・パック」又は「仕手筋ウルフ・パック」と呼ばれている。

近時このような「日本版ウルフ・パック」が増加している背景としては、わが国特有の事情があるのではないかと考えられる。第一は、わが国では、**第五章3**で後述するとおり、特に米国と比較して、臨時株主総会招集請求権を行使することが容易だという点である。第二は、大量保有報告規制のエンフォースメントが弱いという点である。大量保有報告規制がわが国で導入されて以来、違反に対して刑罰が科された例は東天紅事件をはじめ二件のみであり、課徴金が賦課された例は八件のみであって、大量保有報告規制違反のみで制裁が加えられた事例は見当たらない一方、わが国では大量保有報告書の提出が一週間以上遅れることは稀ではなく、二〇%超もの上場会社株式を保有していながら二年以上にわたって大量保有報告書を提出していない例すら見られる。また、保有目的についても、「純投資」とする大量保有報告書等を提出しつつ、大量買集めが開始されて二〇％前後まで株式を買い上がった後になってから初めて保有目的を「支配権の取得」等と変更するような例も散見される。これに対して、米国では、例えば、二〇二二年三月のイーロン・マスク氏によるツイッター株式の取得に関して、大量保有報告が期限より一一日間遅れたことをもって、意図的に開示を遅らせることによって株価が高くなる前に安く株式を取得したのではないかということで米国証券取引委員会（以下「SEC」という）が調査に入ったと報じられている。また、大量保有報告の提出期限遅れや保有目的の虚偽記載に対してSECが数十万ドルを超える制裁金を課している例は数多い。加えて、英独仏には、大量保有報告規制違反があるときに、違反者の議決権を停止できる制度があるが、わが国にはそのような制度はない。第三に、わが国では、**第五章3**で後述するとおり、大量保有報告規制において、ドイツ等のように、発行会社の戦略的方向性を恒久的かつ実質的に変更させることを企図して「協調して行動する（acting in concert）」者については必ずしも合意が認定できなくとも「共同保有者」に含まれるものとされていない点である。

これらの要因から、近時、日本版（仕手筋）ウルフ・パックは大きな社会的問題となりつつあり、この戦術に対して制度的又は社会的にどのように対応すべきかが課題となっている。

コラム③　ウルフ・パックの語源と軍事用語

ウルフ・パック戦術（群狼戦術）とは、元々、第二次世界大戦中、ナチス・ドイツのデーニッツ海軍提督が考案したもので、英国への通商船団の予想進路に網を張る形でUボートを多数配置し、かかる通商船団の撃滅を図る戦術のことを指す軍事用語であった。

それが、対象会社が気付かないうちに複数のアクティビストやヘッジファンドが密かにその株式を買い占め、機を見て一斉に「浮上」して対象会社に不意打ちで委任状争奪戦などを仕掛け、それを通じて彼らの要求を貫徹させる戦術を表現する用語として用いられるようになった。

この「ウルフ・パック」のように、敵対的買収やアクティビストの戦術などを表現する用語には、軍事用語や戦争に由来・関係する言葉が多い。たとえば、買収防衛策について触れる**第四章3**で詳述するが、敵対的買収を仕掛けられた対象会社が大規模な特別配当等を行ってその資産を流出させる「焦土作戦」は、一八一二年のフランス皇帝ナポレオン一世によるモスクワ遠征の際にロシア軍がとった戦術として有名であるし、敵対的買収を仕掛けられた対象会社を救援する会社等を指す「ホワイトナイト（白馬の騎士）」や「ホワイトスクワイア（白馬の従者）」も、戦争に関係する用語といえる。

敵対的買収をめぐる買収者と対象会社の戦いやアクティビストと対象会社との争いなど、企業の経営支配権や経営方針をめぐる争いは、「兵器を使わない戦争」と表現しても過言でないような熾烈なものになりがちである。そのことに鑑みれば、敵対的買収やアクティビストの戦術などを表現する用語に軍事用語や戦争に由来・関係する言葉が多いのも、ある意味当然といえるかも知れない。

第三章　敵対的買収の歴史

——アクティビストの登場から隆盛まで

1 米国

一九七〇年代まで

敵対的買収は、かつては「会社の乗っ取り」と呼ばれていた。「会社の乗っ取り」それ自体は、株式会社の株式を売買する市場（株式市場）が登場し、市場等における株式の買占めを通じて対象会社の経営支配権を奪取することが容易となった当初から見られた現象である。

現在のような株式の売買が行われる証券取引所の歴史は、ニューヨークの証券ブローカー二八人が、ニューヨーク証券取引所の前身である取引会所を設立した一八一七年に遡ると言われる。鉄道建設ブームが起きた一九世紀後半には、早くも、ジェイ・グールドなどの資本家たちにより、株式買占めを通じた鉄道会社の乗っ取りが行われるようになった。

例えば、一八六八年には、アメリカの鉄道王といわれた実業家のコーネリアス・ヴァンダービルドがエリー鉄道の株式を買い進めて敵対的にその支配権を取得しようとしたのに対して、ダニエル・ドリュー、ジェイ・グールド及びジェイムズ・フィスクが同社の転換社債を大量に入手して株式に転換した上で大規模な空売りを行って対抗するといった事件も起きている。このエリー鉄道事件は、米国における敵対的買収をめぐる係争の最初期の事例として著名である。

その後、世紀をまたいで、一九七四年にニッケル精錬の世界的大手であったインターナショナル・ニッケル・カンパニー・オブ・カナダ（ＩＮＣＯ）が世界的な大手電池メーカーであったＥＳＢに対して敵対的ＴＯＢを行うまでは、「資本主義の総本山」とも呼ばれる米国においても、敵対的買収は、ある程度は起きてはいたものの、全体的には稀にしか起きていなかった。その際の手段も、一九五〇年代までは、市場内買付けや委任状争奪戦に限られていた。しかしながら、一九六〇年代に入ると、市場内買付けや委任状争奪戦に加えて敵対的ＴＯＢも用いられるようになって、敵対的買収の件数は徐々に増加していったといわれている。

経営支配権を奪取するまでには至らないものの、委任状争奪戦を通じて取締役を送り込もうとする攻撃的な株主アクティビズムの動きは、米国では既に二〇世紀初頭から現れ始めており、一九三〇年代には、現代のヘッジファンドのような投資ファンド的な投資会社による攻撃的な株主アクティビズムの実例が早くも登場している。

もっとも、一九七〇年代までは、このような動きは米国でもほとんど見られなかった。

一九八〇年代における敵対的買収ブーム

米国における本格的な敵対的買収の時代は、右で述べた一九七四年のＩＮＣＯによるＥＳＢに対する敵対的TOB（最終的にINCOは二億二四〇〇万ドルで買収に成功した）によって幕開けを迎えたといわれている。「敵対的買収」という言葉はこの買収劇の際に生まれたともいわれている。

また、一九七五年に、銃器製造大手コルト・インダストリーズがガーロック・インダストリーズに対して週末に行った突然の敵対的TOBに対して、ガーロック側がニューヨーク・タイムズに出した広告で、それを「サタデー・ナイト・スペシャル」と呼んだのは有名である。

しかし、敵対的買収が「ブーム」と呼ばれるほど多数行われるようになったのは一九八〇年代からである。例えば、一九八一年三月、カナダの蒸留酒製造大手シーグラムは、その米国子会社を通じてセント・ジョー・ミネラルズに対して敵対的TOBを仕掛け、それが失敗すると、その年の六月には石油大手コノコに対して敵対的TOBを仕掛けた。その結果、コノコはホワイトナイトであるデュポンへの身売りを余儀なくされた。

「狂乱」とも評された一九八〇年代の敵対的買収ブームが最高潮に達したのは、一九八八〜八九年の投資ファンドKKRによるRJRナビスコのLBOを用いた敵対的買収である。この際の買収価額は、当時のM&A史上最高額である約二五〇億ドルに達し、この記録はその後約二〇年にわたって破られなかった。

一九八〇年代における米国の敵対的買収ブームを支えた要因はいくつか存在するが、そのうちの大きな要因は、KKRが一九七九年に多額の節税効果を生むLBOによって中堅上場会社のフーデイル・インダストリーズの一〇〇%買収(「バイアウト」と呼ばれる)に成功したことと、一九八〇年代半ばからドレクセル・バーナム・ランバート(以下「ドレクセル」という)を中心にジャンク債市場が開拓されたことで、LBOを用いて巨額のバイアウトを実行できるようになったということであろう。

アクティビストの本格的な登場

一九八〇年代は、アクティビストが本格的に登場するに至った時代でもある。

現在でもアクティビストとして活躍するカール・アイカーンは、一九七九年のサクソン・インダストリーズに対するグリーンメイリングを手始めに、八〇年代にはハマーミル・ペーパーやアメリカン・カン等に対してグリーンメイリングを行って、巨万の富を築いた。また、後に小糸製作所の株式を買い占めるT・ブーン・ピケンズは、八〇年代に、ガルフ石油やユノカルに対して敵対的買収を仕掛け、フィリップス石油へのグリーンメイリングで巨額の利益を得た。

一九九〇年代からリーマン・ショックまで

一九八二年にマーティン・リプトン弁護士が開発した強力な買収防衛策であるポイズン・ピル(詳細は**第四章3**参照)の適法性が一九八五年のモラン事件判決(Moran v. Household International, Inc.,

500 A. 2d 1346(Del. 1985))によって認められた。これによって、買収防衛策としてポイズン・ピルが普及していった。加えて、ジャンク債市場を開拓・牽引してきた証券大手のドレクセルがRICO法(組織犯罪規制法)による摘発をきっかけとして一九九〇年に破産したことで、一九八〇年代の敵対的買収ブームは九〇年代になって終息した。

しかし、一九九〇年代以降も、特に事業会社(ストラテジック・バイヤー)による業界再編や成長力の高い事業の取り込みを目指した敵対的買収の試みは、毎年相当数行われていた。

二〇〇〇年代に入ってからも、インターネット企業のAOLによるメディア大手タイム・ワーナーに対する敵対的買収の動きがあり、最終的に二〇〇〇年一月に両社は対等合併で合意し、取引規模にして総額約一六四〇億ドルに上る巨額のM&Aディールが実現するに至っている。

また、二〇〇三年六月に、IT大手オラクルが、同業のピープルソフトに対して敵対的TOB(当初のTOB価格は一株当たり一六ドル)を仕掛けた。これに対して、ピープルソフトはポイズン・ピルやゴールデン・パラシュート(詳細は**第四章3**で後述する)等の買収防衛策を相次いで導入して徹底抗戦した。しかし、オラクル側が数次にわたってTOB価格を引き上げ、二〇〇四年一二月に至って最終的にTOB価格を二六・五ドルに引き上げるに及んで、遂にピープルソフトもTOBを受け入れ、オラクルによる敵対的買収が実現した。

さらに、二〇〇四年二月に、米ケーブルテレビ最大手コムキャストが、娯楽大手ウォルト・ディズニーに対して株式交換による総額約六六〇億ドルを対価とする非友好的な買収提案を行ったが、ウォルト・ディズニー側は提案に対して拒否の姿勢を堅持し、最終的には、コムキャストは同年四月末に買収提案を撤回するに至っている。

一九九〇年代以降は、複数の買収者が対象会社を買収しようと競い合う買収争奪戦が頻繁に起きるようになった。背景には、一九八六年に、デラウェア州最高裁が、レブロン事件において、会社が身売りする(「for sale」となる)か解体されることになった場合には、取締役会の責務は、株主のために会社を最も高い価格で売却・処分することに向けられることになり、会社の取締役はこの範囲においてのみ経営判断原則(※)の保護を受けられる旨判示した(Revlon, Inc. v. MacAndrews & Forbes Holdings, Inc. 506 A. 2d 173(Del. 1986))ことがある。

(※)「経営判断原則」とは、株主代表訴訟や会社による責任追及訴訟において、後になってから取締役の経営判断が善管注意義務に違反すると判断されると、経営が萎縮するおそれがあることから、合理的な情報収集・調査・検討がなされ、判断の推論過程・内容が明らかに不合理なものでなければ、ミスジャッジがあったとしても、取締役は善管注意義務違反に問われないものとする判例法理である。米国で発展し、日本でも判例上認められている。

このような買収争奪戦の例としては、大手映画会社のパラマウント・コミュニケーションズ(以下「パラマウント」という)をめぐってバイアコムとQVCが一九九三年から九四年にかけて争ったパラマウント事件が非常に有名である。この件では、ＱＶＣによる敵対的買収の動きを受けて、パラマウントが既に導入済みであったポイズン・ピルを改訂した上で、バイアコムとの間で取引保護条項が盛り込まれた合併契約を締結した。それに対してＱＶＣがより高額の買収価額による買収提案を行って、裁判所も巻き込んで熾烈な買収争奪戦が展開された。しかし、レブロン義務がこの件でも適用されるというデラウェア州最高裁の決定（ＱＶＣ事件判決と呼ばれる）を受けてビッド（競争入札）が行われ、最終的には、パラマウントの株主に対してより有利な条件を提示したバイアコムが、パラマウントを買収することに成功した。

一方で、二〇〇〇年代に入ると、ドットコム・バブル（ＩＴバブル）崩壊後における世界的なカネ余りの状況を受けて、ヘッジファンド・アクティビズムと呼ばれるアクティビスト・ファンドによるアクティビスト活動が活発化してくる。

例えば、リーマン・ショック直前の二〇〇八年には、大手鉄道会社であるＣＳＸの定時株主総会を舞台に、同社経営陣とアクティビスト・ファンドのＴＣＩ及びそれと共同歩調をとった３Ｇキャピタル・パートナーズ（以下「３Ｇ」という）との間で熾烈な委任状争奪戦が展開され、最終的にＴＣＩ及び３Ｇの推薦に係る取締役候補五名のうち四名が取締役として選任されるに至った。

また、投資家のネルソン・ペルツが率いるアクティビスト・ファンドのトライアンは、二〇〇六年のハインツの株主総会において、激烈な委任状争奪戦の末、二名の社外取締役を送り込むことに成功した。

ちなみに、現在名を馳せている有力な米国系のアクティビスト・ファンドは、その多くが一九九〇年代後半から二〇〇〇年代後半のリーマン・ショック前までに設立されている。例えば、サード・ポイントは一九九五年、グリーンライト・キャピタルは一九九六年、バリューアクト・キャピタルは二〇〇〇年、ＪＡＮＡパートナーズは二〇〇一年、トライアンは二〇〇五年に、それぞれ設立されている。

二〇〇八年のリーマン・ショック以前は、アクティビスト・ファンドの対象会社に対する要求は、借入れを増加させるか資産を売却する等して、それを原資に株主還元を強化せよ、というものが多かった。例えば、前述のＴＣＩ・３Ｇ対ＣＳＸの事案でも、ＴＣＩ・３Ｇ側の要求は、基本的には、ＣＳＸが抱える遊休資産の有効活用や資本再編成(capital restructuring)、及び自社株買い・増配による株主還元の強化等であった。また、トライアン対ハインツの事案におけるトライアン側の要求は、基本的には、年間五億七五〇〇万ドルのコスト削減やいくつかのブランド等の売却、及び大規模な自社株買いプログラムの導入と長期的な配当性向の引き上げであった。

リーマン・ショック以後

リーマン・ショックにより、世界的な信用収縮が起こった結果、敵対的買収の件数は一時的に大きく減少し、アクティビスト・ファンドの活動も一時停滞した。

そして、リーマン・ショックを引き金とする金融恐慌により、自己資本を薄くして多額の借入れを行い、レバレッジを利かせた経営を行っていた上場会社が数多く破綻し、又は破綻の危機に瀕した。そのことを教訓として、アクティビスト・ファンドの要求も、リーマン・ショック後は、従来の株主還元の強化を中心とするものから、スピン・オフ(企業が特定の子会社や事業部門を分離して、新会社として独立させること)等を活用して事業の「選択と集中」を迫るものへとシフトしてきた。

代表的な例としては、サード・ポイントによるダウ・ケミカルに対するキャンペーンとトライアンのデュポンに対するキャンペーンが、ダウ・ケミカルとデュポンとの統合及びその後の三つの上場会社(現在のコルテバ、ダウ及びデュポン)へのスピン・オフにつながった例がある。

これは、二〇一四年から、低成長部門の石油化学品事業をスピン・オフするよう求めるサード・ポイントによるキャンペーンに晒されていたダウ・ケミカルと、二〇一五年の定時株主総会でトライアンから四名の社外取締役の選任と会社の分割を求める委任状争奪戦を仕掛けられていたデュポンとが、二〇一五年一二月に、両社の合併及び合併後一年半から二年後における三つの上場会社(アグリカルチャー事業、マテリアル・サイエンス事業、スペシャルティ・ケミカル事業を営む三社)へのスピン・オフに合意するに至ったというものである。

ちなみに、「キャンペーン」というのは、欧米のアクティビストがしばしば用いる手法で、正式な株主提案に踏み切る前に、自らのウェブサイト（「ファイト・サイト」と呼ばれる）で対象会社に対する詳細な分析とそれに基づく自らの要求事項を記載した一〇〇頁を超えるような長大なプレゼン・ペーパー（「ホワイト・ペーパー」と呼ばれる）を公開して対象会社に強い圧力をかけ、対象会社がそれに屈せず要求の大半を実質的に呑まなければ、株主提案を行って委任状争奪戦で経営陣と争う、という手法のことをいう。

また、投資家のカール・アイカーンが、二〇一四年に電子商取引大手のイーベイ（eBay）に対して委任状争奪戦を仕掛ける等して、オンライン決済サービスのペイパル（PayPal）を分離するように圧力をかけた結果、二〇一五年七月に、最終的にペイパル・ホールディングスがイーベイからスピン・オフして、その株式をＮＡＳＤＡＱ市場に再上場させるに至っている。

もっとも、二〇一三年のグリーンライト・キャピタルやカール・アイカーンによるキャンペーンを契機としてアップルが巨額の自社株買いを行った事案など、巨額の内部留保をため込んでいたＩＴ大手等に対して、アクティビストが株主還元の強化を求めた例も、依然としてないわけではない。

2 欧州

リーマン・ショック前

英国では、第二次世界大戦前から「会社の乗っ取り」自体は起きていたものの、その数は少数であったといわれている。英国における本格的な敵対的買収の歴史は、一九五三年にチャールズ・クロア卿がJ・シアーズを敵対的TOBによって買収したことで始まったとされている。

そして、一九五八年から五九年にかけてのブリティッシュ・アルミニウムをめぐる米国のアルコアと米国のレイノルズ・メタル及び英国のチューブ・インベストメンツの企業連合(以下「TI―レイノルズ連合」という)との買収争奪戦において、ブリティッシュ・アルミニウムがアルコアによる買収を望んだにもかかわらず、機関投資家の反発によってTI―レイノルズ連合が買収に成功したことで、敵対的買収に関する「取締役会の中立義務原則」が確立した。そして、それが最終的には、一九六七年のテイクオーバー・パネルの設立と三〇%以上の株式を取得する場合の義務的公開買付規制につながったとされている。

英国において敵対的買収(非友好的買収)が本格的に行われ始めたのは、一九八〇年代(特にその後半)からである。例えば、二〇〇四年には、フィリップ・グリーン卿によるアパレル・小売り大手のマークス&スペンサーに対する敵対的買収提案などがなされている。

他方、フランスやドイツでは敵対的買収は一九八〇年代までほとんど起きておらず、一九八〇年代以降についても、英国に比べると敵対的買収が成功した件数は大幅に少ない。

しかしながら、フランスでも、例えば、二〇〇四年には大手製薬企業サノフィ・サンテラボ(現・サノフィ)による同業のアベンティスに対する敵対的TOBが成功しており、一九八〇年代以降は大型の敵対的買収が成功するケースも現れてきている。

もっとも、サノフィ・サンテラボによるアベンティス買収のケースでは、アベンティスがホワイトナイトとしてスイスの製薬大手ノバルティスとの経営統合を模索したのに対して、フランス政府が介入して、最終的にアベンティスがサノフィ・サンテラボによる敵対的TOBを受け入れるに至っており、フランスでは敵対的買収の成否はしばしば政府の介入によって決まっている。

また、ドイツでは、従業員二〇〇〇人以上の企業では、取締役を選解任する権限を有する監査役会において従業員代表が半数を占めるべき旨が法律(共同決定法と呼ばれる)によって強制されており、また、伝統的に銀行・保険会社を中心とする株式持ち合い構造が強固であるため、フランスと同様、敵対的買収の事例は多くない。

しかし、一九九九年に英国のボーダフォン・エアタッチがマンネスマンを敵対的TOBによって買収することに成功したほか、二〇〇八年に非上場会社のシェフラーがタイヤ大手のコンチネンタルタイヤAGへの敵対的TOBを成功させるなど、特に一九九〇年代以降は敵対的買収が成功するケースが少しずつ現れていた。

このほか、一九九〇年にはイタリアのタイヤ大手ピレリが前述のコンチネンタルタイヤAGに対して、一九九七年には独鉄鋼大手クルップが同業のティッセンに対して、それぞれ敵対的買収を仕掛けたが失敗している(もっとも、クルップは、敵対的TOBが失敗に終わった後、ティッセンと友好的な経営統合を目指す方針に切り替え、最終的に、両社は一九九九年に合併してティッセンクルップが誕生している)。

二〇〇〇年代に入ると、欧州でも米国と同様にアクティビスト・ファンドの活動が活発化するようになり、第二章3で前述したとおり、二〇〇四年には、TCIとアティカス・キャピタル等の攻勢を受けて、ドイツ証券取引所がロンドン証券取引所の買収を断念するとともに、監査役会会長及びCEOが退任に追い込まれている。

なお、英国のアクティビスト・ファンドであるシルチェスターは一九九四年に、同じく英国のアクティビスト・ファンドであるTCIは二〇〇三年に、それぞれ設立されている。

リーマン・ショック以後

リーマン・ショック後、米国と同様、欧州でも敵対的買収の件数は減少し、アクティビスト・ファンドの活動も一時沈滞した。しかしながら、二〇一〇年頃から敵対的買収の件数は再び増加に転じている。

例えば、英国では、二〇一〇年に、米国のクラフト・フーズがチョコレート・メーカーのキャドベリーに対する敵対的TOBを成功させたほか、フランスでも、二〇一〇～一四年には、LVMHがエルメスの株式を市場で約二三％まで買い増すなど、敵対的買収の動きをみせていた（最終的には両社の和解により、LVMHは自社の株主に対して買い増したエルメス株式を全て分配して、買収を断念した）。ドイツでも、二〇一六年に、この際には失敗に終わったが、不動産大手のボノビアが同業のドイチェ・ボーネンに対して敵対的TOBを仕掛ける等している（最終的に、二〇二一年、両社は友好的な合併に合意し、ボノビアによるドイチェ・ボーネンの買収は成功した）。

アクティビストの活動も、リーマン・ショック後の世界的な金融緩和を受けて、二〇一〇年頃から再び活発化した。

例えば、二〇一二年にはトライアンが仏食品大手のダノンに自社株買いを迫り、二〇一七年から一八年にかけては、サード・ポイントが、スイスの食品世界最大手ネスレに対して、同社が約二三％の株式を保有するロレアルの売却等の事業ポートフォリオの見直しや株主還元の強化を要求するなどしている。

もっとも、近時の欧州では、アクティビスト・ファンドがESG投資（社会的責任投資）への取組みを求める動きが強まっている。二〇一九年には、アクティビスト・ファンドのTCIがエアバスやムーディーズなど二酸化炭素排出量を開示しない企業に対し取締役選任に反対する旨を通知したことを受けて、二〇二〇年には、ムーディーズが、TCIが提唱する「Say on Climate キャンペーン」に示された原則(二酸化炭素排出量の開示、排出管理の包括的計画の株主総会における採決等)を受け入れることを公表するに至っている。一方で、二〇二一年には、英国のアクティビスト・ファンドであるブルーベルの要求に屈する形で、「パーパス(企業の存在意義)経営」の旗手として知られていたダノンの著名CEOが解任されている。

3 日本

戦前~高度成長期

わが国では、二〇〇〇年に村上ファンドが昭栄に敵対的TOBを仕掛けるまで敵対的買収は全くなかったと誤解している読者もおられるのではないかと思われるが、実は戦前から、もっといえば明治時代から、株式の市場等での買集めや委任状争奪戦を通じた敵対的買収自体は行われていた。

例えば、現在のJR中央線(総武線も含む)は、国鉄ではなく、明治時代に相場師として名高い雨宮敬次郎氏が敵対的に買収した会社である甲武鉄道が敷設したものである。雨宮氏は一八八八年に甲武鉄道を敵対的に買収したが、その買収後の甲武鉄道が八九年に開通させたのが、現在の中央線の新宿―八王子間である。

現在の東京電力ホールディングスも、前身である東京電燈が、経営難に陥っていた一八八六年に若尾逸平氏及び根津嘉一郎氏らに敵対的に買収され、それが、その後、敵対的買収を繰り返すことで関東一円の電力供給を行う大企業に成長するに至ったものである。

また、東急電鉄グループの実質的な創始者である五島慶太氏は、目黒蒲田電鉄とその親会社である田園都市株式会社の株主の資金を用いて、（自らも役員の一員であった）武蔵電鉄の株式の過半数を敵対的に買収し、旧経営陣を総辞職させて、武蔵電鉄を東京横浜電鉄（現在の東急電鉄の前身）と改称し、自らは同社の専務に就任している。五島氏は、池上電鉄についても、目黒蒲田電鉄を通じて全株式を買収した上で、旧経営陣を総辞職させて自ら専務に就任したほか、玉川電鉄についても、大株主を説得してその持株を東京横浜電鉄にて買収し、一九三六年に旧経営陣を総辞職させて自ら社長に就任している。このように、五島氏は、敵対的買収を繰り返して現在の東急電鉄の礎を築いている。

横井英樹氏

戦前では、この他にも、東京板紙が、一九一八年から樺太工業の大川平三郎氏と富士製紙の穴水要七氏による株式の買集めに遭い、一九二〇年に富士製紙に合併されるに至っている。

戦後においては、一九五三年に横井英樹氏が東京・日本橋の老舗百貨店である白木屋の株式を買い占め、最終的に五島氏が仲介に乗り出して自ら株式を引き取り、白木屋を買収するに至った（白木屋はその後東急百貨店日本橋店となり、現在ではコレド日本橋となっている）。この事件は、城山三郎氏の有名な小説、『乗取り』のモデルともなった。横井英樹氏は、晩年、三三人の死者を出したホテルニュージャパンの火災で業務上過失致死傷罪に問われ、禁錮三年の実刑判決を受けるなどした。

また、敵対的買収が成就しなかった事例ではあるが、海運大手の三光汽船が、同業のジャパンラインの株式を一九七〇年から市場で買い占めて（三光汽船の持株割合は最大で約四一％にまで達した）業務提携を迫ったものの、ジャパンライン側が強く反発して右翼の大物である児玉誉士夫氏まで担ぎ出すなどした結果、一九七三年に至って、最終的に三光汽船が買い集めた株式をジャパンライン側が引き取ることで解決した件なども有名である。

このように、わが国でも、既に明治時代から、市場等での株式買集めや委任状争奪戦を通じて敵対的買収は実際に行われている。

バブル期（一九八〇年代）

バブル期には、**表3-1**に記載のとおり、小谷光浩代表が率いるコーリン産業(後の光進)や池田保次代表率いるコスモポリタンなどの、暴力団や反社会的勢力と繋がった仕手筋が、会社の経営権を狙う動きが相次いで起こった。

この時期、国際航業は、コーリン産業に四〇%超の株式を買い占められ、臨時株主総会における激しい委任状争奪戦の末、小谷代表に代表取締役の地位を奪われた。だが、直後に小谷代表が藤田観光株式の相場操縦事件で逮捕され、コーリン産業側の取締役四名が辞任を余儀なくされたため、乗っ取りの危機を逃れた。

小糸製作所の株主総会で発言するピケンズ氏(1989年6月29日，東京都内のホテル)

その他、一九八五年には、ミネベア(現・ミネベアミツミ)が三協精機製作所(現・ニデックインスツルメンツ)の株式の約一九%を買い集めて同社に合併等を迫ったが拒否され、逆に、ミネベア自らが英国の投資会社であるグレン・インターナショナルと米国の投資会社トラファルガー・ホールディングに約二三%の株式を買い占められて敵対的買収を仕掛けられるといった事件も起きている。

一九八九年から九一年には、自動車部品大手の小糸製作所が米国のT・ブーン・ピケンズに約二六%の株式を買い占められ

物言う株主と敵対的TOBの黎明	2008年	TCIによる電源開発の株式の20%までの買増しに外為法に基づく中止命令
		TCIが電源開発の株主総会で委任状争奪戦(敗北)
		スティール・パートナーズがアデランスの株式を買占めて，アデランス経営陣の取締役再任議案を否決(2009年にはスティール・パートナーズ提案の候補者が取締役に選任されて，スティール・パートナーズがアデランスの経営権を取得)
	2013年	サード・ポイントがソニーにエンターテイメント事業の部分スピン・オフを要求
本格的な敵対的TOBの時代	2019年	伊藤忠商事がデサントに敵対的TOB(成功)
	2020年	村上ファンド(シティインデックスイレブンス)が東芝機械に敵対的TOB(失敗)
		コロワイドが大戸屋ホールディングスに敵対的TOB(成功)
		DCMホールディングスによる島忠への友好的TOBに対してニトリホールディングスが対抗TOBを仕掛け，島忠買収に成功
	2021年	日本製鉄が東京製綱に敵対的TOB(成功)
		SBIホールディングスが新生銀行に敵対的TOB(成功)
		エイチ・ツー・オー リテイリングによる関西スーパーの株式交換による買収に対して，オーケーがTOBを提案して対抗するも，関西スーパーの株主総会で株式交換承認議案が可決

※ 『週刊東洋経済』2022年3月12日号47頁の表を基に一部修正して筆者作成

表 3-1　わが国における主な敵対的買収・アクティビスト活動の歴史

乗っ取り屋の時代	1888 年	雨宮敬次郎氏が甲武鉄道を敵対的に買収
	1924 年	五島慶太氏が武蔵電鉄を敵対的に買収し，東京横浜電鉄と改称
	1953 年	横井英樹氏が白木屋の株式を買い占め
	1970 年〜	三光汽船がジャパンライン株式を買い占め
仕手集団等の跋扈	1985 年	ミネベア対三協精機事件/トラファルガー・グレン対ミネベア事件
	1987 年	小谷光浩代表率いるコーリン産業が蛇の目ミシン工業(現・ジャノメ)株式を買い占め
		池田保次代表率いるコスモポリタンがタクマ株式を買い占め
	1988 年	コーリン産業が国際航業の臨時株主総会で委任状争奪戦に勝利し，敵対的買収に成功
	1989 年	ブーン・ピケンズ氏が小糸製作所株式を買い占め
		秀和が忠実屋・いなげやの株式を大量取得し，再編を提案
物言う株主と敵対的TOBの黎明	2000 年	村上ファンド(MAC)が昭栄に対して日本初の敵対的 TOB(失敗)
	2002 年	村上ファンドが東京スタイルの株主総会で委任状争奪戦(敗北)
	2003 年	スティール・パートナーズがソトー・ユシロ化学に敵対的 TOB(失敗)
	2005 年	ライブドアがニッポン放送株式の約 35% を立会外取引で取得したが，フジテレビによるニッポン放送株式の TOB 等が成功し，ライブドアによるニッポン放送・フジテレビの経営権取得は失敗
		楽天が TBS(現・TBS ホールディングス)の株式を買い占めて経営統合を提案
		村上ファンドが阪神電鉄の株式を買い占め
	2006 年	王子製紙(現・王子ホールディングス)が北越製紙(現・北越コーポレーション)に敵対的 TOB(失敗)
	2007 年	スティール・パートナーズがブルドックソース・天龍製鋸に敵対的 TOB(失敗)

た。ピケンズ側は、小糸製作所とトヨタとの「ケイレツ」取引や日本市場の閉鎖性に対する批判を展開し、小糸製作所側はそうした批判キャンペーンに名をかりたグリーンメイリングに晒されることとなった。日本のメディアもピケンズを「黒船来航」と大々的に報じた。このように、バブル期は、日本でも米国と同様、マネーゲーム的な敵対的買収の動きやグリーンメイリング等が目立った。

村上ファンドによる昭栄への敵対的TOBからニッポン放送事件まで

二〇〇〇年代に入るとわが国でも村上ファンドやスティール・パートナーズなどのアクティビスト・ファンドが登場し、それらによる敵対的TOB等が相次いだ。

まず、二〇〇〇年には、村上ファンドが中堅不動産会社の昭栄に対してわが国初の敵対的TOBを行った。これは失敗したが、村上ファンドは、二〇〇二年には市場で東京スタイルの株式を買い集め、増配や自社株買いを求める株主提案を行って委任状争奪戦を仕掛けるなどして存在感を強めていった。

二〇〇三年一二月には、スティール・パートナーズがソトーとユシロ化学に同時に敵対的TOBを仕掛けた。両社が各々行った大幅増配によってそれらのTOB自体は最終的に不成立となったものの、スティール・パートナーズは、その後も江崎グリコやサッポロホールディングス、アデランスなど数多くの上場会社の株式を市場で買い集めて、増配や取締役選任等の株主提案を行った。

こうした中、二〇〇五年に、フジテレビジョン（現フジ・メディア・ホールディングス。以下「フジテレビ」という）によるニッポン放送株式に対するTOBが進行する中で、ライブドアがToSTNeT—1を通じて電撃的にニッポン放送の株式を約三五％取得する事件が起きた。これに対して、ニッポン放送はフジテレビに対して大量の新株予約権を第三者割当てにより時価発行する買収防衛策（「第三者割当型ポイズン・ピル」と呼ばれる）を発動して対抗した。しかし、この新株予約権の発行は、東京高裁の決定により差し止められた（ニッポン放送事件東京高裁決定）。

この東京高裁決定は、敵対的買収者がグリーンメイラーである場合など四つの例外的な類型（前述したとおり、「ニッポン放送事件高裁四類型」と呼ばれる）に該当しない限り、株主総会の承認決議を経ずに取締役会限りで買収防衛策は発動することはできないと述べ、わが国における買収防衛策をめぐるその後の法的議論に大きな影響を与えた。

企業価値研究会とブルドックソース事件

ニッポン放送事件を契機として、わが国でも買収防衛策の発動が適法とされるためにはどのような要件が満たされるべきかという議論が盛んになった。それらも受けて、経済産業省が設置した企業価値研究会が二〇〇五年五月に取りまとめて公表した報告書(以下「企業価値研究会第一次報告書」という)及びそれと同時に公表された法務省・経済産業省による「企業価値・株主共同の利益の確保又は向上のための買収防衛策に関する指針」において打ち出された「株主意思の原則」が、以後、わが国における買収防衛策の適法性の問題を考える際の基本的な考え方となった。なお、経済産業省は、二〇〇六年三月には企業価値研究会第一次報告書の内容を敷衍した「企業価値報告書二〇〇六――企業社会における公正なルールの定着に向けて」(以下「企業価値研究会第二次報告書」という)を取りまとめて公表している。その結果、二〇〇六年以降、買収防衛策の導入とその有効期間の更新の際に株主総会の普通決議を取得する「事前警告型」と呼ばれる買収防衛策が、わが国で急速に普及することになった。

こうした中で、二〇〇七年五月に、スティール・パートナーズがブルドックソースに敵対的TOBを仕掛け、これに対して、同社が六月に導入して定時株主総会で特別決議による承認を受けた買収防衛策の発動の適法性が問題となった。同年八月、最高裁は、その発動を適法とする決定を下した(最決平成一九年八月七日民集六一巻五号二二一五頁〔ブルドックソース事件最高裁決定〕)。

しかし、この防衛策では、スティール・パートナーズの保有株式が希釈化される一方で、それに対して金銭で補償がなされたことから、グリーンメイリングを助長するのではないかという声が上がり、二〇〇八年に取りまとめられた企業価値研究会の報告書(以下「企業価値研究会第三次報告書」という）では、防衛策の発動に際して買収者に経済的補償として金銭を交付することは望ましくないとの考え方が示された（**第五章3**で詳述）。

これらによって、わが国における買収防衛策の適法性を考えるに際しての基本的な考え方が確立することになった。

「ダブル・コード」導入後

事前警告型防衛策が普及し、二〇〇六年の王子製紙（現・王子ホールディングス）による北越製紙（現・北越コーポレーション）に対する敵対的TOBや二〇〇七年のスティール・パートナーズによるサッポロホールディングスに対する敵対的TOB提案等が失敗するに及んで、わが国における敵対的買収や株主アクティビズムの動きは二〇〇八年以降いったん沈静化する（もっとも、市場内で対象会社の株式を大量に取得した買収者が、株主総会において株主提案を駆使する等して実質的に経営権を奪取した事例は、散発的には現れており、二〇〇七年には日本精密、二〇〇八年にはNFKホールディングスや春日電機、二〇〇九年はアデランスホールディングス（現・アデランス）で、それぞれ買収者側が経営権の奪取に成功している）。

このような状況が大きく変わることになったのが、二〇一四年のスチュワードシップ・コードの策定と二〇一五年のコーポレートガバナンス・コードの策定であった。この「ダブル・コード」の策定・改訂を通じて、政府が株式持ち合いの解消を強力に政策誘導しつつ、上場会社のコーポレート・ガバナンスに株主の声が反映される仕組み作りを進めたことで、機関投資家がわが国上場会社の経営に及ぼす影響力が格段に強くなった。また、日本の国内機関投資家も、背後に控える企業年金等のアセット・オーナーに対する信認義務(フィデューシアリー・デューティー)を強く意識するようになった。

その結果、敵対的買収が成功する蓋然性が従来に比べて大きく高まり、アクティビストが株主提案への支持又は会社提案への反対を訴えて委任状争奪戦を行った場合でも、株主総会で勝利する可能性が高まることとなった。

これらを背景に、二〇一五年前後から、わが国において、村上ファンドやエフィッシモ、オアシス、サード・ポイントといったアクティビストの活動が再び活発化することになった。村上ファンドを始めとするアクティビストが対象会社に圧力をかけてプレミアム付きの価格で自社株TOBを実施させ、それに応募して買い集めた株式を売り抜けて多額の利益を上げたり(例えば、二〇一八年・二一年の三信電気による大規模な自社株TOB、二〇二一年の西松建設による大規模な自社株TOB)、対象会社に自らが指名する候補者を社外取締役として送り込んだりするような事態(例えば、二〇一七年の黒田電気の株主総会における村上ファンドによる社外取締役一名選任の株主提案の可決)が頻発するようになったのである。

二〇一八年前後からは、わが国でも、アクティビストが、友好的なM&A取引に介入して、買収価格の引き上げを図ったり、買収条件が株主にとって不利であると主張して取引を失敗させたりするようなBumpitrageを行う事例が頻発するようになった。企業の合併や買収といった大きなイベントが発生すると登場する(このような投資手法をイベント・ドリブン型という)アクティビストが、買収条件の引き上げを狙って、買収対象となった会社の株式買集め等の攪乱行為を行うパターンである。そのような事例としては、二〇一七年のKKRによる日立国際電気へのTOBに際してのエリオットによる市場内株式買集め(二度の価格引き上げを経て最終的にTOBは成立)、二〇二〇年の伊藤忠商事によるファミリーマートの完全子会社化のためのTOBに際してオアシスが対抗して行った市場内株式買集め(TOBはそのまま成立)等が著名である。特に、MBOについては、二〇一八年以降、東栄リーファーラインのMBO(二〇一八年：村上ファンドによる市場内株式買集めにより一度失敗)、廣済堂のMBO(二〇一九年：村上ファンドによる対抗TOBにより失敗)、片倉工業のMBO(二〇二一年：鹿児島東インド会社によるオアシスからの大量株式取得により失敗)など、アクティビストによるBumpitrageにより失敗に終わる例が目立っている。

また、二〇一九年以降、事業会社が敵対的TOBを実施して成功させる事例が相次いでいる。例えば、一九年には伊藤忠商事がデサントに対して、二〇年にはコロワイドが大戸屋ホールディングスに対して、前田建設が前田道路に対して、二一年には日本製鉄が東京製綱に対して、SB

Iホールディングスが新生銀行に対して、それぞれ敵対的TOBを仕掛けて成功させている。特に、日本製鉄のようなわが国を代表する伝統的な超大企業が敵対的TOBに踏み切って、それを成功させたことは、完全に潮目が変わったことを感じさせた。

この流れは、二〇二一年に、SBIホールディングスが、金融庁から主要株主認可を得た上で、新生銀行に対して敵対的TOBを仕掛け、さらに、同行が有事導入型の買収防衛策を導入して抵抗したにもかかわらず、最終的にそのTOBを成功させたことによって、もはや決定的となったといえよう。

コラム④　野蛮な来訪者

"Barbarians at the Gate"(邦訳『野蛮な来訪者――RJRナビスコの陥落(上)(下)』)は、一九八八年から八九年の投資ファンドKKRによるRJRナビスコに対する総額約二五〇億ドルに上る巨額の敵対的買収の内幕を赤裸々に描き出した名著であり、日本でも邦訳が二〇一七年に新版として復刊されている。同書を原作として、HBO(映画専門のケーブルTVチャンネル)により映画も制作されている。"Barbarians at the Gate"を直訳すると、「野蛮人が門の前までやって来た」となるが、この書物は、「狂乱の八〇年代」の掉尾を飾るにふさわしい、巨額のマネーゲームに狂奔する関係者の疾風怒濤の日々を生き生きと活写している。その中には、ＲＪＲナビスコで権勢を極めていた当時のＣＥＯロス・ジョンソンの公私混同ぶり、例えば、彼と彼の有名人の友達が、ＲＪＲナビスコの何機もの社有ジェット機で構成される「ＲＪＲエアフォース」を使って、ハネムーンやゴルフ等のため、世界中どこにでも飛び回ることができていたさまも仔細に描かれている。公私混同の限りを尽くしていたとメディアで報じられたＣＥＯは、それから四半世紀余り後のカルロス・ゴーン被告だけではないのである。

第四章　買収防衛策とはどのようなものか

1　どのような会社が敵対的買収やアクティビストの標的になりやすいのか

では、どのような会社が敵対的買収やアクティビストの標的になりやすいのであろうか。

もちろん、敵対的買収の標的になりやすい会社とアクティビストの標的になりやすい会社とは完全に重なり合うものではない。事業会社(＝ストラテジック・バイヤー)によって行われる敵対的買収は、主として自らの事業ポートフォリオにおいて欠けているピースを埋めるため、あるいは今後のさらなる成長のために行われるものであるからである。

ただ、敵対的買収が成功しやすい会社とアクティビストによる揺さぶりが成功しやすい会社とは重なり合っている。

そこで、以下では、敵対的買収やアクティビストによる揺さぶりに対して脆弱性を有する会社とはどのような会社であるのか、みていくことにしたい。

PBRが一倍を割り込んでいるか・巨額の余剰現預金

敵対的買収やアクティビストによる揺さぶりに対して脆弱性を有する会社として真っ先に思い浮かぶのは、株価が「割安」な会社である。そして、株価が「割安」であるか否かを判別する最も分かりやすい指標が、PBR（株価純資産倍率）が一倍を割り込んでいるかどうかである。

PBRとはPrice Book-value Ratioの略であり、対象会社の株式時価総額（Market Cap）を、その純資産（株主資本）の額で割って算出する。これが一倍を割り込むということは、理論的には、対象会社の株式を全部取得した上で、同社を解体してその資産を全て切り売りした場合に、直ちに利益を得ることができるということを意味している。

例えば、対象会社の時価純資産額が一千億円である場合に、株式時価総額が八百億円であれば、PBR＝八百÷一千＝〇・八倍となる。この場合に、市場でその会社の株式を八百億円で買い占めて直ちに会社の資産を全て切り売りすれば一千億円を手にすることができるので、二百億円ものの「サヤ」が抜けることになる。

そのため、特に裁定取引（アービトラージ）によって利益を上げることを得意とするアクティビストにとっては、格好の買収の標的になるわけである。

なお、右の考え方からすれば、PBRを算出する際に用いる純資産の額については「時価」純資産の額を使うのが理論的に正しいと考えられるが、時価会計がかなり浸透してきているとはいえ、上場会社の資産・負債を全て時価評価することは現在でも困難である。そのため、一般的には「時価」純資産ではなく、貸借対照表上の純資産額である「簿価」純資産の額が用いられる。もちろん、「簿価」純資産の額でなく「時価」純資産の額であっても、それが表しているものは会社の解体価値であって、ゴーイング・コンサーンとしての会社の継続企業価値と一致するものではない。

従って、右で述べた、対象会社の株式を全て買い占めて直ちにその資産を全て切り売りした場合に利益を出せるという考え方は、あくまで比喩的なものに過ぎない。ただ、ＰＢＲが一倍を割り込んでいるか否かは、株価が割安であるか否かを判別するための分かりやすいメルクマールの一つであるとはいえるだろう。

ちなみに、ＰＢＲが一倍を割り込んでいる上場会社の中には、株式時価総額が簿価純資産の額を下回っているだけでなく、手許現預金の額を下回っている会社すらある。このような場合には、株式を全部買い占めただけで直ちにそのために要した金額以上のキャッシュを獲得できることになるので、より一層アクティビスト(による敵対的買収)の標的になりやすいといえるだろう。

借入れ余力の大きさ

右の第一の類型とも関連するが、敵対的買収やアクティビストによる揺さぶりに対して脆弱性を有する会社の第二の類型は、借入れ余力が非常に大きい会社である。というのも、無借金経営の会社など、借入れ余力が非常に大きい会社については、ＬＢＯ（レバレッジド・バイアウト）が行いやすいからである。ＬＢＯは、**第一章4**でも詳しく説明したが、手許資金がそれほどない買収者が、対象会社の資産を引当てとして行う多額の借入れを梃子（レバレッジ）として実行する買収の手法である。

これによって行われた敵対的買収の実例としては、**第一章4**で触れたＫＫＲによるＲＪＲナビスコの場合が著名であるが、手許現預金が豊富で、容易に処分可能な子会社や不動産その他の固定資産を潤沢に保有している会社は、ＬＢＯの対象として適しているので、非友好的なＬＢＯの標的になりやすい。

他方、ＭＢＯの場合には、買収者の中核となる対象会社の現経営陣には手許資金が十分にないことが一般的である。そのため、買収手法としてＬＢＯが用いられることが多いが、経営陣と組んで買収資金の出し手となることが多いＰＥファンドにとっても、ＬＢＯの対象となりやすい会社は、高いレバレッジをかけた上で経営の効率化を図ることで、相対的に高い投資リターンを実現しやすい。それ故、ＬＢＯの対象となりやすい会社について、その経営陣とＰＥファンドとが共同してＭＢＯを実行することで、非公開化された例も多い。

また、そのように借入れ余力が大きい会社は、借入れを増やして株主還元を強化せよというアクティビストからの要求にも晒されやすい。例えば、二〇一五年にサード・ポイントに株式を取得され、大規模な株主還元の要求に晒されたファナックは、当時、実質無借金で、かつ、利益剰余金が一兆四〇〇〇億円を超えていた。その後、ファナックは、同年四月に、連結配当性向をそれまでの三〇%から六〇%へと引き上げた上で、五年間で配当と自社株買いとを合わせて連結当期純利益の最大八〇%を株主還元に充てることを公表し、その結果、同社の株価も大幅に上昇したため、サード・ポイントは市場で株式を売却して、エグジットを果たした。

資本関係の歪み

以上とは全く違った類型として、資本関係の歪みも敵対的買収やアクティビストに対する脆弱性の大きな要素となる。

例えば、フジテレビは、ニッポン放送と文化放送を主体として、東宝、松竹、大映などの映画会社が共同で出資して設立した会社であるため、長らくニッポン放送が筆頭株主である構造が続いていた。しかし、ラジオのメディアとしての存在感の大幅な低下とテレビのメディアとしての地位の大幅な上昇に伴って、ニッポン放送が保有するフジテレビ株式の時価総額がニッポン放送自体の株式時価総額を上回る、いわゆる「親子逆転」の状態が長い間続いていた。その結果、二〇〇三年当時、株式時価総額約四六〇〇億円のフジテレビの株式の約三四%を保有するニッポン放送の株式時価総額は、わずか約七五〇億円に過ぎなかった。つまり、単純計算ではあるが、約三七五億円でニッポン放送株式の過半を買い占めれば、時価約一三〇〇億円相当のフジテレビ株式を保有するニッポン放送の支配権を取得でき、しかも、実質的にフジテレビの株式の三分の一超を掌握して、その経営に大きな影響力を及ぼすことができるという、極めて歪な状況にあった。

このような状況に着目して、村上ファンドは二〇〇三年からニッポン放送の株式を市場で二〇%弱まで買い進め、ニッポン放送とフジテレビ両社による共同持株会社の設立などを掲げて、二〇〇四年のニッポン放送の定時株主総会で村上世彰氏らの社外取締役への選任等を株主提案した。これに対して、フジテレビ側も資本関係の歪みの是正を進め、二〇〇五年からニッポン放送の子会社化を目指してTOBを行っていた。しかし、その最中に、ライブドアがToSTNeT―1を使って村上ファンドなどからニッポン放送株式の約三五%を電撃的に取得し、ニッポン放送、ひいてはフジテレビの敵対的買収を目指すに至ったことは、既に**第一章5**で述べたとおりである。

このように、資本構造の歪みは、アクティビストに付け入る隙を与え、かつ、敵対的買収を呼び込むことにもなりかねないといえる。

コングロマリット・ディスカウント

敵対的買収やアクティビストによる揺さぶりに対して脆弱性を有する会社の第四の類型は、コングロマリット・ディスカウントがあると考えられる会社である。例えば、いわゆる成熟事業を営んでいて成長力が余り高くないと考えられるような会社（いわゆる重厚長大産業を営んでいる会社など）が、傘下に非常に成長力の高い優良な上場子会社を持っている場合や、成長の伸びしろが大きい事業を内部に抱えていたりする場合が典型である。

二〇一四年に、アメリカの著名アクティビストのカール・アイカーンは、電子商取引大手のイーベイに対して、同社が二〇〇二年に買収した電子決済大手ペイパルのスピン・オフ（分離した上での上場）を要求し、委任状争奪戦を仕掛けた。当時、イーベイの主力事業である電子オークションをはじめとする電子商取引事業は成長が鈍化する一方、ペイパルが営む電子決済事業については高い成長力が見込まれており、ペイパルがイーベイの傘下にあることで、コングロマリット・ディスカウント（多くの事業を営んでいる複合企業＝コングロマリットの企業価値がそれら事業ごとに算出される理論的な企業価値よりも小さい状態にあること）が生じていると指摘されていた。

最終的に、二〇一五年、イーベイはペイパルをスピン・オフしたが、スピン・オフ後のイーベイとペイパルそれぞれの株式時価総額の合計額は、スピン・オフ公表時における（ペイパルを傘下に有する）イーベイの株式時価総額と比較して大きく上昇し、実際に、コングロマリット・ディスカウントが生じていたことが実証された形となった。

また、特にリーマン・ショック後、米国系のアクティビストは、複数の事業を営む会社に対して、Sum of the Parts（ＳＯＴＰ）方式で算出した企業価値の理論値と比較して、現実の対象会社の株式時価総額が大きく下回っていることを指摘して、株式時価総額の足を引っ張っているのではないかと考えられる事業のスピン・オフを迫るという手法を多用するようになっている。SOTP方式とは、大雑把にいうと、甲、乙、丙…という複数の事業がそれぞれ生み出すフリーキャッシュフロー（≒EBITDA）の額に着目し、それぞれの事業ごとに、その事業の価値を算定する際に業界で一般的に用いられているEBITDA倍率（EBITDAマルチプル）を掛け合わせ、それらを積み上げたものを、その会社の企業価値の総額の理論値であるとする企業価値の算定手法である。ちなみに、EBITDAとは、「Earnings Before Interest, Taxes, Depreciation, and Amortization」の略で、日本語に訳すと「利払い前・税引き前・減価償却前その他償却前利益」ということになるが、この金額はおおむねフリーキャッシュフローの額に等しいとされている。

例えば、二〇一九年、サード・ポイントは、ソニーに対して、半導体（CMOSイメージセンサー等）事業のスピン・オフ等を迫ったが、その際のサード・ポイントの主張を大雑把にまとめると、ソニーのゲーム、音楽、映画、半導体、エレキの各事業のEBITDAマルチプルは、それぞれ一〇・九倍、一四・五倍、一〇・四倍、六・九倍、五・二倍であり、これを用いてSOTP方式で計算したソニーの株式時価総額の理論値は一二四九億ドルであるのに対して、同社のその時点における現実の株式時価総額は六二四億ドルであったので、EBITDAマルチプルの低い半導体事業をスピン・オフすれば、ソニー全体の企業価値算定に際して用いられる想定EBITDA

倍率（当時八倍と試算されていた）が切り上がり、半導体事業スピン・オフ後のソニーの株式価値は大きく増大することになる、というものであった。

もちろん、EBITDAマルチプルそのものが机上の数字であり、SOTP方式によって算定された企業価値の理論値もあくまで机上の数字に過ぎない。従って、このような計算はあくまで財務的な観点からのみ企業を分析するアクティビスト側の一方的な見方に過ぎない。実際、サード・ポイントによる半導体事業部門（現在の「イメージング&センシングソリューション（I&SS）事業部門」）のスピン・オフ要求を拒否したソニーの株価はその後も大きく上昇を続け、サード・ポイントは二〇二〇年にはソニー株式を売却してソニーへの投資から撤退している。

しかし、洗練された最近の米国系のアクティビストによる会社の見方はこのようなものであるということは、知っておいて損はないであろう。

2 買収防衛策とは何か

ここまでどのような会社が敵対的買収やアクティビストの標的になりやすいのかについて論じてきた。以上からすると、敵対的買収やアクティビストによる経営への介入を防ぐための「王道」は、結局は、株価を高めて株式時価総額を拡大させることに尽きるということになる。敵対的買収者やアクティビストは、究極的には「利益を上げること」が目的である以上、株価が高く（割安ではなく）、ひいては株式時価総額が大きければ、敵対的買収者もアクティビストも手を出しにくい。

もっとも、市場は常に効率的とは限らず、個社の株価もマーケットの思惑等でその本来の実力とは無関係に大きく変動し得る（市場はしばしばオーバーシュートを起こすといわれる）。また、リーマン・ショックや東日本大震災、新型コロナのパンデミックなどの大きな事件が起こると、世界の株式市場、ないし日本の株式市場全体の相場が急落することもしばしばみられる。それらの結果として、個別の会社に焦点を当ててみると、その本来の価値（「本源的価値」）に比して株価が割安になっていることは、短期的にはむしろよくあるといってよい。そこで、そのような場合に、敵対的買収やアクティビストによる経営への介入から会社を守る手段として、買収防衛策が必要とされることになる。そこで、以下では、買収防衛策とは何か、具体的にはどのようなものがあるのかについて論じていくこととする。

本書で取り扱う買収防衛策

株価を上げることが、敵対的買収やアクティビストによる経営への介入を防ぐことになるということからすると、例えば、自社株買いなども、株価を上げることや余剰現預金を減少させることとで買収防衛的な効果を持つことが多いため、広い意味での買収防衛策であるといわれることがある。自社株買いがなぜ株価を上げることに繋がるのかについては、紙幅の関係上、詳細な説明は省略するが、自社株買いを行うことで、自社の株価は割安であると経営陣が考えていることが発信されるというシグナリング効果や、流通株式が減少することで需給面から株価上昇要因となるといった要因等がしばしば指摘されている。いずれにせよ、自社株買いは、一般的に株価にとってプラス要因であるとされており、また、前述のように、投資収益を生んでいない現預金が過剰に存在すると、敵対的買収やアクティビスト活動の標的になりやすいため、余剰現預金を減少させる自社株買いは、買収防衛効果を持つことは確かである。

しかしながら、「株価は会社経営者にとっての成績表」といわれることもあるとおり、上場会社の経営陣にとっては、企業価値を高め、ひいては株価を上昇させることが、その最大の使命といっても過言ではない。そのため、「株価を高める施策は全て広い意味での買収防衛策である」といってしまうと、経営のための施策は、究極的には全て（広義の意味では）買収防衛策ということになってしまう。それでは余りに論点がぼやけてしまうので、本書では、敵対的買収やアクティビストによる経営介入を「直接的に」阻止又は回避する効果を持つ施策を「企業買収防衛策」、略して「買収防衛策」と呼ぶこととし、自社株買いや、連結配当性向の引き上げ、遊休資産の売却、デット・エクイティ・レシオ（D／Eレシオ）の適正化といった「間接的な意味で」買収防衛効果を持つものは、「買収防衛策」の範疇から外して議論を進めることとしたい。

3　買収防衛策の色々

(1) ポイズン・ピル(ライツ・プラン)

買収防衛策として、読者が、現在最もよく耳にすると思われるのが、ポイズン・ピル(ライツ・プラン)であろう。日本では、ポイズン・ピルが買収防衛策の代名詞となっている感がある。「ポイズン・ピル」は直訳すると「毒薬」となるが、誰に対しての「毒薬」かというと、当然ながら敵対的買収者やアクティビストにとっての「毒薬」ということである。つまり、これを備えた会社を敵対的買収者などが呑み込むと、毒が回って手痛いダメージを受ける、ということを比喩的に表現したものである。

ポイズン・ピルは一九八二年に米国の著名なM&Aローヤーのマーティン・リプトン弁護士が最初に開発したものである。その基本的な建付けは、対象会社に対する「買収者」の持株割合が一定の割合(トリガー割合と呼ばれる)を超えると、全ての株主に対して、株価に比して大幅にディスカウントされた価額を払い込めば普通株と同様の権利内容を有する議決権付き優先株を取得できる権利(米国では「ライツ」と呼ばれる。そのため、ポイズン・ピルは「ライツ・プラン」と呼ばれることもある)が「配当」されるが、「買収者」とその関係者はその権利を行使できない、というものである。そのため、敵対的買収者などの持株割合がトリガー割合を超えると、当該買収者とその関係者の持株割合は大きく希釈化される(持株割合が大きく下がる)。その結果、当該買収者とその関係者は、その持株割合がトリガー割合を踏み越えた場合には、経済的に大きな損害を被ることになるため、買収や株式の大量買付けの実行を事実上断念することになる。米国では、各州の会社法の下で、配当の支払い・付与は取締役会決議のみで行うことができるとされているため、このようなポイズン・ピルは、取締役会限りで導入することができ、その導入が株主総会の決議に基づいている必要はないことが法的に確立している。

日本におけるポイズン・ピルは、米国と異なって、会社法上、このようなライツ(=優先株をディスカウント価格で取得できる権利)を取締役会限りで「配当」することができないため、同様の仕組みは、新株予約権の無償割当てという制度を利用する形で構築されている。すなわち、取締役会が定めた買収防衛策(防衛プラン)において、予め定められた要件を満たす「買収者」の持株割合が一定のトリガー割合(日本では、米国の実務を参考に、一五%又は二〇%とされているが、二〇%とされている例が多い)を超えた場合、株主側で一円を払い込めば対象会社の普通株一株を取得でき、会社側から強制的に普通株一株に転換することもできるという新株予約権を、新株予約権無償割当てという手続を通じて全株主に無償で割り当てる。その新株予約権は、「買収者」とその関係者だけは行使できないものとされており(このような条件を「差別的行使条件」という)、会社側で強制的に普通株に転換する場合でも、「買収者」とその関係者が保有する新株予約権だけは普通株に転換されないものとされている(このような仕組みを「差別的取得条項」という)。そのため、トリガー割合が二〇%であれば、敵対的買収者などの持株割合が二〇%を超えると、当該買収者とその関係者の持株割合は大きく希釈化される(持株割合が大きく下がる)。その結果、当該買収者とその関係者は、その持株割合が二〇%を踏み越えた場合には、買収等の目的を達成することが非常に困難になるため、買収や株式の大量買付けの実行を事実上断念することになる。

こうしてみていくと、米国のポイズン・ピルも日本のポイズン・ピルも、実質的には、大雑把にいって、「買収者」とその関係者以外の全株主が保有している株式の数を株式分割によって倍増(四倍増などの場合もあるが)させる一方で、「買収者」とその関係者が保有している株式についてだけは株式分割を行わず、結果的に、買収者とその関係者の持株割合だけを大幅に低下(希釈化)させる、という構造を持っていることが理解できるであろう。

日米のポイズン・ピルの違い

しかしながら、日本のポイズン・ピルは、米国のポイズン・ピルと大きく異なる点が二つある。

第一は、日本では、**第三章3**で触れたニッポン放送事件東京高裁決定及び企業価値研究会第一次報告書の影響により、買収防衛策は株主の意思に基づいて導入又は発動されるべきであるという「株主意思の原則」が定着しているため、ポイズン・ピルの導入又は発動に際しては、例外的な場合を除いて、原則として株主総会の決議が必要であると考えられている点である。

その結果、二〇〇五年頃から、株主総会による導入承認決議を経た上で、トリガー割合を超える株式(「支配株式」と呼ばれることがある)を取得しようとする者に適用される一定の手続(「大規模買付ルール」と呼ばれることがある)を定め、その下で、その者による支配株式の取得が対象会社の企業価値に与える影響を評価・検討することができるような情報を提供させ、その情報に基づいて、社外取締役や社外監査役、さらには場合により社外有識者から成る特別委員会及び取締役会が評価・検討を行った上で、必要な場合には、特別委員会の勧告に基づいて取締役会が対抗措置(＝新株予約権無償割当て)を発動するというタイプのポイズン・ピルが広く用いられるようになった。この日本独特のポイズン・ピルは、敵対的買収等を行おうとする者に、予め遵守すべき手続を明示し、それを遵守しない場合や遵守する場合でも予め定められた一定の「濫用的買収者」の類型に該当する場合には対抗措置としての新株予約権の無償割当てを実施することを警告しておく、というものである。そして、その点を捉えて、一般的に、このタイプのポイズン・ピルは「事前警告型買収防衛策」ないし「平時導入型買収防衛策」と呼ばれており、二〇二二年七月末現在でも二七〇社(それまでの累計では六七八社)の上場会社がこのタイプのポイズン・ピルを導入・維持している。

これは、必要があればわずか一日で取締役会決議だけでポイズン・ピルを導入できる米国とは大きな違いである。実際、最近でも、イーロン・マスク氏がツイッターに買収提案を行った二〇二二年四月一四日の翌日である一五日には、ツイッターはポイズン・ピルを直ちに導入したことを公表した（もっとも、最終的にツイッターは、同月二五日にイーロン・マスク氏による買収を受け入れて、ポイズン・ピルを廃止している）。このため、米国の上場会社は、ポイズン・ピルを導入していることを公表していなくとも、潜在的には（一日で導入可能な）ポイズン・ピルによって常に守られているのと同様の状態にあり、このことを指して、米国の上場会社は「シャドー・ピル（影のポイズン・ピル）」によって守られていると評されることもある。

なお、わが国でも、二〇二〇年以降、敵対的買収を仕掛けられたなど、いわゆる有事の状況になってから取締役会限りで買収防衛策を導入し、その発動には、原則として株主総会で対抗措置発動についての承認決議が取得されることを条件とする新しいタイプのポイズン・ピル（「有事導入型買収防衛策」と呼ばれている）が用いられるようになってきた。しかし、対抗措置の発動には原則として株主総会における承認決議が必要とされている点で、やはり米国のポイズン・ピルとは異なる。これについては、**第五章3**で詳述する。

第二に、米国のポイズン・ピルは、それが発動された場合には「買収者」とその関係者に甚大な経済的損害を与える仕組みとなっており、そのことを敵対的買収やアクティビストによる経営介入への抑止力としている。これに対して日本では、第三章3で触れたブルドックソース事件最高裁決定等において、ポイズン・ピルの発動が適法とされるためには、それについて必要性(大雑把にいうと、敵対的買収等による企業価値の毀損のおそれ)と相当性(大雑把にいうと、敵対的買収者等が被る損害が相当な範囲内にあること)の両方が認められることが必要とされており、ポイズン・ピルが発動される場合でも、「買収者」とその関係者が保有する株式の議決権を希釈化することは認められても、それらの者に対して経済的損害まで与えることについては、それなりのハードルが設けられている。

ちなみに、日本における米国型のポイズン・ピルの歴史は、筆者が手掛けて二〇〇五年にJASDAQ上場のニレコが導入したポイズン・ピルから始まる。実をいえば、同社のポイズン・ピルについては、東京地裁及び東京高裁において新株予約権無償割当ての差止めを命じられ、撤回のやむなきに至っている(東京高決平成一七年六月一五日金融・商事判例一二一九号八頁。以下「ニレコ事件東京高裁決定」という)ため、筆者としては今でも忸怩たる思いである。同社のポイズン・ピルは、対抗措置として新株予約権の無償割当てを用いる点や特別委員会が設けられている点で、現在のわが国におけるポイズン・ピルと同様であるが、その導入時点で、二〇〇五年三月末現在の同社の株主に新株予約権が無償で割り当てられており、「買収者」の持株割合がトリガー割合を踏み越えた場合には、当該新株予約権が行使可能となって、「買収者」とその関係者の持株割合が大きく希釈化されるものとされていた点が大きく異なる。

裁判所は、この点を捉えて、二〇〇五年三月末の当該予約権の権利落ち日（三月二八日）から、このプランの有効期間の末日である二〇〇八年六月一六日までの間に同社の株式を取得した者は、たとえ「買収者」やその関係者に該当しなくとも、当該予約権が行使可能となった場合には潜在的にその持株割合が希釈化されるリスクを負担することになるところ、それら株主がそのような負担を負ういわれはないとして、当該新株予約権無償割当ての差止めを認めた。このリスクはあくまで理論的なものであって、実際には株価に織り込まれる（従って、右の期間に同社株式を取得した者はその分だけ安く買うことができている）はずであるから、現実問題として右の期間内に同社の株式を取得する者が不利益を被ることはないと考えられるものの、右の裁判例から、わが国の裁判所は、株主が経済的損害を負う可能性があるという点を非常に重視していることがわかる。ブルドックソース事件最高裁決定が、「買収者」やその関係者であっても、対抗措置が発動された場合の経済的不利益が相当性の範囲内にあることを要求している点は、ニレコ事件東京高裁決定（一一八ページ参照）にも表れているような、株主の経済的不利益について非常に敏感なわが国裁判所の一般的傾向を踏襲したものであるように思われる。

(2) (ホワイトナイト等に対する)第三者割当増資

日本においてポイズン・ピルが登場する前に、買収防衛策としてしばしば用いられていたのは、対象会社の親密先その他のホワイトナイトを割当先とする第三者割当増資である。例えば、一九八七年、池田保次氏率いる仕手筋であるコスモポリタンによる市場での株式大量買集め(その持株割合は最大で約三六・二%に達した)に際して、タクマは住友銀行(現・三井住友銀行)をはじめとする親密先一五社に対して第三者割当増資を実行し、買収防衛に成功した(コスモポリタンは新株発行差止仮処分を申し立てたが、大阪地決昭和六二年一一月一八日判例時報一二九〇号一四四頁によって退けられた)。この手法は、わが国では、(欧州諸国とは異なり)第三者割当増資は、原則として取締役会限りで実行できることを利用したものである。

しかしながら、わが国の裁判所は、一九八九年、秀和による株式買集めに直面したいなげやと忠実屋とが互いにたすき掛けで第三者割当増資を行った秀和対いなげや＝忠実屋事件において、第三者割当増資を必要とする会社の具体的な資金需要と現経営陣の経営支配権維持目的のどちらが主要な目的であるかによって、新株発行差止仮処分が認められるか否かを決める「主要目的ルール」を確立した(東京地決平成元年七月二五日判例時報一三一七号二八頁)。その後、裁判所は、次第に会社が具体的な資金需要を現実に有しているかを精査する傾向を強めているので、最近では、第三者割当増資は買収防衛策としては余り用いられなくなってきている。とはいえ、対象会社側で、実際に具体的な資金需要が存在する場合には、ホワイトナイトその他への第三者割当増資は、有力な買収防衛策の選択肢の一つであることには変わりはない。最近でも、光通信による市場での株式買集めに直面した京王ズホールディングスが、ホワイトナイトであるノジマへの第三者割当増資により、買収防衛に成功している（仙台地決平成二六年三月二六日金融・商事判例一四四一号五七頁）。

対象会社から依頼されてその会社の支配権を取得する者を「ホワイトナイト」と呼ぶが、その支配権までは取得せず、例えば一五～二〇％など、一定のロットの株式だけを取得して、対象会社が敵対的買収等から身を守ることを助ける者を「ホワイトスクワイア（白馬の従者）」と呼ぶ。第三者割当増資は会社が必要とする資金需要に応じてなされるため、ホワイトスクワイアに対する第三者割当増資も、買収防衛策としてしばしば用いられる。右で述べたタクマによる住友銀行など一五社に対する第三者割当増資はその一例である。

(3) ホワイトナイトによる対抗買収（対抗ＴＯＢ）

ホワイトナイトその他に対する第三者割当増資と似ているが、手法が異なるものとして、ホワイトナイトによる対抗ＴＯＢがある。これは、敵対的買収者によるＴＯＢ等に対抗して、対象会社経営陣の依頼に基づいて、ホワイトナイトが、より高いＴＯＢ価格での対抗ＴＯＢ等を実施するというものである。

わが国において、これによって対象会社が敵対的買収の回避に成功した例としては、二〇〇六年に、スティール・パートナーズに一株七〇〇円のTOB価格で敵対的TOBを仕掛けられた明星食品が、日清食品（現・日清食品ホールディングス）にホワイトナイトを依頼し、日清食品が一株八七〇円の対抗TOBを実施して当該対抗TOBの方が成立した事例が挙げられる（敵対的TOBは不成立）。この件では、日清食品が対抗TOBによって総株主の議決権の九〇・四三％を取得した上で、最終的に株式交換によって明星食品を完全子会社化している。また、Jリートの事例ではあるが、二〇二一年にスターウッド・キャピタル・グループ（以下「スターウッド」という）からの敵対的TOB（当初のTOB価格は一投資口当たり二万円）に直面したインベスコ・オフィスジェイリートの依頼により、ホワイトナイトであるインベスコ・グループが対抗TOB（TOB価格は一投資口当たり二万二七五〇円）を実施し、当該対抗TOBの方が成立した例もある。この件でも、インベスコ・オフィスジェイリートは、その後、スクイーズ・アウト（少数投資主の現金による締出し）を経て最終的に上場廃止となっている。

また、わが国で、アクティビストによる市場内での株式買上がりから自らを防衛するために、対象会社の依頼によりホワイトナイトによるTOBが行われた例としては、二〇〇六年に、村上ファンドの攻勢に晒された阪神電鉄を、ホワイトナイトである阪急ホールディングスがTOBとその後の株式交換を通じて完全子会社化した事例と、二〇二〇年に、アクティビスト・ファンドであるオアシスからの攻勢に晒された上場会社の東京ドームを、ホワイトナイトである三井不動産がTOBとその後のスクイーズ・アウトを経て完全子会社化（但し、直後に読売新聞グループ本社に株式の二〇％を譲渡）した事例が著名である。前者では、村上ファンドは、市場での株式及び転換社債の買い上がりによって、一時、その持株割合は最大四六・八二％にまで達していた。後者では、オアシスの持株割合は最大で九・六一％に達し、社長を含む取締役三名の解任を求めて臨時株主総会の招集請求も行っていた。

(4) MBO・MEBO・EBO

ホワイトナイトによる対抗TOB（対抗買収）の延長線上にある買収防衛策として、敵対的買収やアクティビストによる攻勢に直面した対象会社の経営陣自らが、PEファンドなどと組んで、株式非公開化を目指した（対抗）TOBを行うことがある。対象会社の取締役を中心とする経営陣（取締役）が主導して行うものはマネジメント・バイアウト（MBO）と呼ばれ、また、経営陣と従業員とが共に主導して行うものはマネジメント・エンプロイー・バイアウト（MEBO）、従業員が主導して行うものはエンプロイー・バイアウト（EBO）と、それぞれ呼ばれている。MBO、MEBO及びEBOは、敵対的買収やアクティビストの脅威がない場合に、中長期的にその会社の株式を保有する株主の下で、事業構造改革等を通じて企業経営を抜本的に変革するために行われることも多いが、右で述べたように、敵対的買収やアクティビストの攻勢に対応するための「究極の」買収防衛策として行われる場合もある。

わが国で、敵対的TOBに対抗するためにMBO（のためのTOB）が行われた例としては、毛織物染色メーカーの大手ソトーのケースがある。二〇〇三年一二月にスティール・パートナーズによる敵対的TOB（当初のTOB価格は一株一一五〇円）に直面したソトーの経営陣は、二〇〇四年一月に、大和証券グループ系のエヌ・アイ・エフ・ベンチャーズ（現・大和企業投資。以下「NIF」という）と組んで、MBOのための対抗TOB（当初のTOB価格は一株一二五〇円）を行った。もっとも、この事例では、スティール側とソトー経営陣・NIF側とでTOB価格の引き上げの応酬となり、最終的には、ソトーが大幅増配を発表（詳細は後述する）してMBOを取り止めたため、スティールの敵対的TOBは不成立となっている。

また、敵対的買収やアクティビストによる攻勢への対応としてEBOが行われた例としては、前記**第一章2**で触れたユニゾのEBOの事例が著名である。このケースは、二〇一九年七月にHISが突然ユニゾに対して開始した敵対的TOB（TOB価格は一株当たり三一〇〇円）を契機としている。それに対して、いったんは投資会社のフォートレスがホワイトナイトに選定され、対抗TOBを開始した。しかしながら、その後、ユニゾ経営陣とフォートレスとの間の意見対立が顕在化してユニゾの取締役会がフォートレスのＴＯＢへの反対意見を表明するに至り、さらに紆余曲折を経た後に、最終的に、ユニゾの一部従業員がＰＥファンドのローンスターと組んで、ＥＢＯのためのＴＯＢ（ＴＯＢ価格は一株当たり六〇〇〇円）を実施し、当該ＴＯＢが成立してユニゾは非公開化されることとなった。

(5) 防戦買い

戦前から一九八〇年代のバブル期までの時期にしばしば用いられた古典的な買収防衛策として、いわゆる「防戦買い」がある。これは、敵対的買収や市場における株式大量買い上がりに対応して、対象会社の経営陣からの依頼を受けた親密先（米国流にいえば、ホワイトスクワイアということになる）が、市場で対象会社の株式を買って株価を高騰させ、敵対的買収等を企図する者の買収意欲を挫くというものである。

防戦買いは、一九五一年の、坂上信章・大阪土地社長による百貨店の十合（そごう）株式大量買集めに対抗して十合側が親密先に依頼して行ったものや、一九五二年ごろから開始された横井英樹氏による白木屋株式の大量買集めに対抗して、白木屋の鏡山忠男社長が親密先に依頼して行ったもの等が著名である。最近でも、Ｊリートの事例ではあるが、二〇二一年にスターウッドからの敵対的ＴＯＢに直面したインベスコ・オフィスジェイリートが、スポンサーであるインベスコ・リミテッドの子会社であるインベスコ・インベストメンツ（バミューダ）リミテッドに防戦買いを依頼し、当該依頼に基づいて、インベスコ・インベストメンツ（バミューダ）リミテッドが市場内取引と市場外相対取引とを組み合わせて防戦買いを実施し、保有投資口割合を七・〇六％にまで増加させた例がある。もっとも、このケースでは、最終的に、ホワイトナイトであるインベスコ・グループが対抗ＴＯＢを行うことで、当該敵対的ＴＯＢが不成立に終わったことは前記のとおりである。

右の防戦買いについては、一九八八年の旧証取法の改正によりインサイダー取引規制が導入された当初から、「防戦買いは有効な防衛措置であるにもかかわらず、内部者（インサイダー）取引規制ゆえにとれないとすると、被買収側が著しく不利になるという不均衡が生じる」との理由から、対象会社の取締役会（指名委員会等設置会社の場合には執行役）が決定した要請に基づく防戦買いについては、インサイダー取引規制の適用対象外とされている（金商法一六六条六項四号）。

米国におけるレバレッジドＥＳＯＰによる防戦買い

現状、日本において、この規定に則って防戦買いが行われる事例は非常に少ないが、米国では、一九七四年に制定された連邦従業員退職所得保障法（いわゆるエリサ法）に基づく従業員福利厚生プランの一種である、企業拠出による従業員持株制度たるEmployee Stock Ownership Plan（ＥＳＯ

P）が、防戦買いを行った実例が複数存在している。例えば、一九八六年、アシュランド石油は、カナダのベルツバーグ一族による株式の大量買集めに対応するため、借入れを行って同社の株式を買い入れるESOP（このように借入れを行って大規模に対象会社の株式を買い入れるESOPを「レバレッジドESOP」という）を創設し、このESOPが市場で同社の株式の約一三％を買い入れることで、敵対的買収の脅威に対処した。また、一九八八年、シャムロック・ホールディングスからの敵対的TOBに直面したポラロイドは、レバレッジドESOPを創設し、市場で同社の株式約一四％を取得してそれをESOPに拠出し、既存の企業年金等の保有分と併せて従業員の持株割合を約二〇％にまで高めて、敵対的TOBを斥けている。

従って、今後、日本でも従業員持株会が会社からの要請を受けて防戦買いを行うような事例は出てくるようにも思われる。

(6) 焦土作戦（超高額配当など）

買収防衛策として、敵対的買収者やアクティビストから見て魅力ある会社の資産（「クラウン・ジュエル」＝王冠の宝石と呼ばれる）を第三者に売却したり、非常に高額の特別配当や配当性向の大幅な引き上げを行って、敵対的買収者やアクティビストに目をつけられる原因となった豊富な現預金を吐き出したりするような手法は、「焦土作戦」と呼ばれることがある。この名称が、一八一二年のフランス皇帝ナポレオン一世によるモスクワ遠征の際にロシア軍がとった有名な戦術に由来することは、第二章のコラムで触れたとおりである。

このうち、超高額の特別配当や配当性向の大幅な引き上げは、ホワイトナイトやホワイトスクワイアを直ちに見つけ出すことが困難な場合でも、(株主総会での普通決議による承認が必要な場合もあるが)対象会社の取締役会限りで実行することができる買収防衛策のため、わが国でも比較的数多く用いられている。

例えば、二〇〇三年一二月にスティール・パートナーズがユシロ化学とソトーに対して同時に仕掛けた敵対的TOBに対して、ユシロ化学は配当金額を一株当たり一四円から二〇〇円へ、ソトーは同じく一株当たり一三円から二〇〇円に大幅に引き上げることにより、スティール・パートナーズの敵対的TOBを不成立に追い込んだ。これは、それらの敵対的TOBのTOB期間の末日が、両社の配当基準日(二〇〇五年三月末)より前であったために、両社の株主は、それらTOBに応募してしまうと超高額配当を受け取ることが不可能となることを利用した防衛策であった。

また、わが国は、米国と比較しても、TOBを撤回できる場合が金商法によって厳しく制限されているところ、金融庁が二〇一〇年三月三一日に追加したQ&Aに対する回答で、TOB開始後に対象会社の取締役会が決定した配当の額が、直近事業年度末の総資産の簿価の一〇%以上に当たるような場合には、原則としてTOBを撤回できるものとされたため、敵対的TOBをいったん撤回させて、対象会社がホワイトナイトを探す等のための時間稼ぎをすることを目的に、右の基準額を超える超高額配当の決定がなされる例もしばしばみられる。TOBの決済日が配当基準日より後となっている場合、敵対的買収者は、かかる超高額配当により現預金が大量に流出した後の会社の支配権を取得することになるため、TOBを撤回しないと、大きな財産的損害を被ることになるからである(ちなみに、わが国では、このような超高額配当がなされても、TOBを撤回することはできてもTOB価格を引き下げることは金商法上できないものとされている)。

超高額配当による買収防衛が失敗に終わった例

もっとも、敵対的買収者は、TOBをいったん撤回して、超高額配当により現預金が流出した後の対象会社の企業価値に基づいて下方修正したTOB価格で、再度TOBを行うことは自由にできる。そのため、超高額の特別配当や配当性向の大幅な引き上げは、あくまで一時の時間稼ぎにしかならない側面もある。実際、例えば、二〇二一年に、村上ファンドグループのCI11が、日本アジアグループ(以下「日本アジア」という)が行ったMBOのためのTOBに対して敵対的な対抗TOBを行った事案では、日本アジアが一株当たり三〇〇円の特別配当を行った後に、CI11はその対抗TOBをいったん撤回し、市場で株式を三分の一の手前まで買い上がって、日本アジアが取締役会限りで導入した有事導入型買収防衛策(ポイズン・ピル)につき裁判所の差止仮処分命令を勝ち取った後に、もう一度TOBをやり直して、敵対的買収を成功させている。

また、ストラテジック・バイヤーのように対象会社の現預金の額をさほど重視しない敵対的買収者の場合には、そもそもTOBの撤回すら行わずに、そのままTOBを決済してしまうこともある。例えば、二〇二〇年一月に前田建設が関連会社の前田道路に対して敵対的TOBを開始した事例では、前田道路は、同年四月に開催する臨時株主総会で、TOB期間中の日を基準日とする一株当たり六五〇円の特別配当(当期配当は一〇〇円であった)の実施を諮る旨公表して対抗したが、前田建設はTOBを撤回せず、TOB期間を延長しただけでそのままTOBを完了させたため、敵対的TOBは成功した。

このように、焦土作戦、特に超高額の特別配当や配当性向の大幅な引き上げは、決定打にならない場合もあるが、対象会社の株価を大きく引き上げる効果はあるため、アクティビストによる攻勢をかわすための手段としては有効に機能することも多い。

(7) シャーク・リペラント(定款・附属定款による「鮫よけ」)

米国において、買収防衛策として広く使われている手法として、基本定款や附属定款(by laws)に、敵対的買収やアクティビストの活動を阻害する条項を入れるという手法がある。米国では、各州の会社法で、附属定款は取締役会決議のみでも変更できるとされており、しかも、取締役の選解任や任期、株主総会の招集等は附属定款によって定められているため、この手法は広く用いられている。これは俗に「シャーク・リペラント（鮫よけ）」と呼ばれている。

代表的なものが、取締役の任期に関する期差任期条項である。これは、デラウェア州では、州会社法上、取締役の任期が三年であることを利用したもので、例えば、九名の取締役を三グループに分けて、各グループの任期を一年ずつずらしておくと、敵対的買収者が会社を買収しても、一年目には取締役九名のうち三名しか交替させることができず、二年目に次の三名を交替させることで、ようやく取締役会の過半数（六名）を制することができることになる。これによって、敵対的買収者が会社を支配するに至るまで二年間の時間を稼ぐことができるようになるため、短期的に会社から利益を引き出すことだけを目的としている敵対的買収者やアクティビストの標的から外れる効果が期待できるというわけである。このように任期がずらされた取締役によって構成される取締役会を「スタッガード・ボード（staggered board）」という。

もっとも、日本では、監査役会設置会社でも取締役の任期は二年間であり、指名委員会等設置会社や監査等委員会設置会社では一年間（但し、監査等委員会設置会社の監査等委員たる取締後は二年間）であるため、この条項を利用できる余地はほとんどない。

この他、米国では、定款に株主による臨時株主総会の招集を禁止する旨の条項（マイクロソフトやネットフリックスの定款ではかかる条項がある）や、大株主（例えば、一〇％以上の大株主）からの自社株買いを禁止する旨の条項（アンチ・グリーンメイリング条項）を入れることも、シャーク・リペラントとしてよく用いられているが、これらは、わが国の会社法の下ではそもそも利用できない。

日本で、敵対的買収やアクティビストによる経営介入を阻害する効果を有する定款変更として用いられることがあるものとしては、取締役の員数の「余裕枠」を減少させること（例えば、定款上の取締役の員数が一五名で、現任取締役の数が七名の場合に、定款上の取締役の員数を八名に減員すること）や、取締役の解任決議の可決要件を出席株主の総議決権の過半数から、平成一七年商法改正前の旧商法下と同様に出席株主の総議決権の三分の二以上に加重することくらいしかない（会社法三四一条参照）。しかし、これとても、わが国では、米国の附属定款のように取締役会決議だけで変更することができず、定款変更には必ず株主総会の特別決議が必要であることに加えて、特に後者については、インスティテューショナル・シェアホルダー・サービシーズ（ISS）やグラス・ルイスといった大手議決権行使助言会社が反対の議決権行使の推奨をすることが必至であるため、利用はかなり困難である。

(8) 黄金株・複数議決権種類株

新聞報道などではあまり触れられることがないが、米国や欧州諸国において、買収防衛策として広く用いられているのが黄金株や複数議決権種類株である。

黄金株とは、基本的には、それを一株でも有している株主は、経営上の一定の重要事項について拒否権を持つ、というもので、「拒否権付き株式」とも呼ばれる。国連安全保障理事会における常任理事国の拒否権を思い浮かべてもらうとイメージがしやすいかも知れない。なお、黄金株は、基本的には、拒否権を持つタイプのものが多いが、中には、特定の経営事項について専属的な決定権（その黄金株所有者の一存で決定できる権利）を有しているようなタイプのものもある。

複数議決権種類株とは、株主が持つ権利のうち、経済的な権利（具体的には、①配当請求権と②会社清算時における残余財産分配請求権）については普通株と同じであるものの、一株当たりの議決権数については普通株と異なる特殊な株式である。この中には、単純に、議決権だけは普通株の二倍以上与えられているような複数議決権株式や、株式がクラスA及びクラスBというようにいくつかのクラスに分かれており、クラスごとに議決権のシェアが割り当てられている（例えば、クラスAには議決権が全体の六〇％割り当てられている一方、クラスBには議決権が全体の四〇％割り当てられている）というものなど、様々の形態のものがある。

これらの株式が発行されていれば、たとえ株式が上場されていても、黄金株や複数議決権種類株を保有している株主の経営に対する支配権が脅かされるおそれはないため、正に究極の買収防衛策といえる。

表4-1　米国における主な複数議決権種類株式のタイプと採用企業例

	議決権種類株式のタイプ	採用企業例
1	1株に付与される議決権数に差異が設けられているタイプ 例)クラスAには1株当たり1議決権，クラスBには同10議決権が付与されるといったもの	• アルファベット(旧グーグル) • メタ・プラットフォームズ(旧フェイスブック) • ラルフローレン • VISA
2	保有期間が長くなることで1株に付与される議決権数が増加するタイプ 例)4年以上保有する株主には1株当たりの議決権数が1から10に増加するといったもの	• アフラック • カーライル(建材・部品等製造)
3	クラスごとに議決権のシェアが割り当てられているタイプ 例)クラスA株主には総株主の議決権の60%，クラスB株主には同じく40%が付与されるといったもの	• フォード • コムキャスト
4	クラスごとに選任できる取締役の員数が割り当てられているタイプ 例)クラスA株主は取締役9人のうち4人，クラスB株主は同5人を選解任できるといったもの	• ナイキ • ニューヨーク・タイムズ

(注)採用企業例は，2017年3月時点で確認された内容に基づく．
(出所)野村資本市場研究所作成資料

米国の状況

以下、各国の状況を見ていくと、まず米国では、株式の新規上場(IPO)時であれば、上場会社であっても、複数議決権種類株を発行・上場することが認められており、複数議決権種類株式にも、**表4-1**に記載のとおり、様々なタイプがある。複数議決権種類株が発行されている上場会社の例としては、例えば、フォード・モーター(以下「フォード」という)が著名である。同社は、一九五六年のニューヨーク証券取引所（以下「NYSE」という）への株式上場に際し、創業家のフォード一族には常に議決権全体の四〇%を維持できる特殊な種類株式が割り当てられ、その結果、フォードでは、現在も、ウィリアム・クレイ・フォード・ジュニアが取締役会長を務めているなど、創業家が同社の経営に強い影響力を保っている。

このような新規上場時における複数議決権種類株の利用は、その後一時期認められなくなったが、一九八八年七月のSEC規則の改正によって再び認められるようになり、二〇〇四年上場のグーグル（現・アルファベット。但し、本書では読者の分かりやすさのため、以下、原則として「グーグル」という）を皮切りに、グルーポン、フェイスブック（現・メタ・プラットフォームズ。但し、本書では読者の分かりやすさのため、以下、原則として「フェイスブック」という）、リンクトインなど、二〇〇〇年代に入ってから株式を新規上場した企業（IT企業が多い）には、複数議決権種類株を利用して、議決権についての権利内容が異なる複数の株式のクラスから成る株式所有構造（このうち、二種類の株式クラスから成るものは「デュアル・クラス・ストラクチャー」と呼ばれる）を構築している会社が多い。例えば、フェイスブックは、二〇一二年に、NASDAQに一株当たり一議決権を有するA種普通株式を新規上場させたが、その際、経営陣及び上場前からの大株主には、一株当たり一〇議決権を有するB種普通株式も発行していた。A種普通株式とB種普通株式とは、配当請求権など経済的権利の面では基本的に同様であるが、議決権の数は後者が前者の一〇倍であっため、同社の上場から間もない二〇一四年定時株主総会の基準日時点において、A種普通株式とB種普通株式の発行済株式数の割合は約七八％対約二二％（うち、CEOのザッカーバーグ氏の保有する割合は、同氏に議決権行使が委任されているものを含めて、全体の約一三・二％）であったのに対して、両者の議決権割合は逆に約二五・八％対約七四・二％（うち、右のザッカーバーグ氏の保有する割合は、同氏に議決権行使が委任されているものを含めて、全体の約五七・六％）となっていた。このフェイスブックの株式所有構造は、典型的なデュアル・クラス・ストラクチャーである。さらに、二〇一七年に上場したSNSサービスのスナップは、発行していた三種類の株式のクラス（無議決権のクラスA普通株式、一株一議決権のクラスB普通株式及び一株一〇議決権のクラスC普通株式）のうち、遂に、無議決権株式であるクラスA普通株式のみをNYSEに上場し、約三四億ドルを調達して話題となった。さすがに米国でも、このように無議決権普通株式のみを上場したケースは初といわれているが、クラスA、クラスB及びクラスCの各普通株式は、配当請求権など経済的権利の面では全て同等である。ちなみに、上場時において、同社の総株主の議決権の約八八・五％は、このクラスC普通株式を有する同社の創業者二名が保有していた。このスナップのケースでは、市場で取引される上場株式は無議決権株のみであるから、およそ敵対的買収やアクティビストの脅威とは無縁である。

欧州の状況

欧州では、後述するように、法制度として、一定の期間以上、株式を保有していた株主の議決権が二倍になる制度がフランス、イタリア、オランダなどで採用されている。さらに、防衛産業を営む企業など、国家の安全保障上重要な上場会社では黄金株が発行されている。

例えば、英国では、BAEシステムズ及びロールス・ロイスは英国政府が黄金株を保有しているし、フランスでもエネルギー大手のエンジー（Engie: 旧GDFスエズ）や防衛・航空宇宙大手タレス（Thales: 旧トムソンCSF）はフランス政府が黄金株を保有している。

また、ドイツでも、フォルクスワーゲンについては、今日でも、フォルクスワーゲン法に基づき二〇%＋一株の議決権を有する株主が重要事項に対する拒否権を持つものとされており、その結果、二〇・二六%の議決権普通株を有するニーダーザクセン州が実質的に拒否権を有している。また、ニーダーザクセン州は、同法及びフォルクスワーゲンの定款により、株主代表として、（ドイツにおいて取締役の選解任権を有する）監査役会メンバーである監査役二名を同社に派遣する権利を有しているため、この状態を指して、同州は、同社の黄金株を持っていると評されている。

この他、フランスでは、食品大手ダノンや電気機器大手シュナイダー・エレクトリック等のいくつかの上場会社において、定款によって、単一の株主の議決権を一定の割合以下に法的に制限する「議決権シーリング」の制度が用いられている。例えば、ダノンでは、単一の株主が行使できる議決権は、基本的に、総株主の議決権の六%までに制限されており、シュナイダー・エレクトリックでは、単一の株主が行使できる議決権は、基本的に、総株主の議決権の一〇%までに制限されている。

日本の状況

これに対して、日本では、買収防衛策としての黄金株や複数議決権種類株は、上場会社ではほとんど用いられていない。現在に至るまで、黄金株(拒否権付き株式)は、国際石油開発帝石(現・INPEX)が経済産業省に対して発行しているもの(旧石油公団が保有していた黄金株を引き継いだもの)が唯一の例であり、複数議決権種類株は、二〇一四年に東証マザーズ(現・東証グロース)市場に上場した、パワードスーツ等のロボットの開発・製造事業を営むサイバーダインが発行しているものが唯一の例である。サイバーダインは、上場されている普通株式の他にB種類株式を発行しており、同社のB種類株式は、経済的権利の面では普通株式と基本的に同一である一方、普通株式の一〇倍の議決権を有しており、譲渡制限が付されている。このB種類株式は、同社の創業者である山海嘉之氏及び同氏が代表理事を務める二つの一般財団法人のみによって保有されており、同社の上場直後である二〇一四年三月末日現在、山海氏は発行済株式総数の四一・七%を占めるB種類株式を保有していたが、その議決権割合は総株主の議決権数に対して八七・七%に達していた。

(9) ゴールデン・パラシュート及びティン・パラシュート

ゴールデン・パラシュートとは、敵対的買収の結果として、経営陣(取締役及びオフィサー)が解任されたり、権限を縮減されたりした場合に、多額の割増退職金等を支払う契約を経営陣との間で予め締結しておき、敵対的買収が成功した場合には、対象会社から巨額の現金の流出が生じるようにしておくことで、敵対的買収のコストを引き上げ、それによって敵対的買収の標的となることを回避する買収防衛策のことをいう。

同様のものとして、シルバー・パラシュートとティン・パラシュートがある。ゴールデン・パラシュートは経営陣が解任された場合を対象とするものであるのに対して、シルバー・パラシュートは幹部従業員が職を失ったり、レイオフ(一時帰休)された場合を対象とするものであり、ティン・パラシュートは一般従業員が職を失ったり、レイオフされた場合を対象とするものである。一般従業員は、経営陣のように敵対的買収が成功した場合に直ちに解雇されることが少ないためか、米国では、ティン・パラシュートは、典型的には、敵対的買収等により経営権の異動が生じてから三年間以内に職を失った従業員に対して提供され、一年分の俸給に、勤続年数一年ごとに二週分の給与が最大五二週分支払われるというものが典型的であるとの指摘もある。

ゴールデン・パラシュート等は、主として米国で用いられるが、米国では、ゴールデン・パラシュートは敵対的買収に対する防衛策というより、経営陣にとっての一種の保険としての意味合いがあり、経営陣が対象会社における地位にしがみつくことを抑制する効果があるため、むしろ敵対的買収を促す効果があるとの見方もある。

ゴールデン・パラシュート等は、経営支配権の異動(Change of Control)を引き金として多額の割増退職金等の支払義務を生じさせるものである。従って、その性格は、取引基本契約(例えば、代理店契約のように、継続して取引が行われるような関係において、個々の取引ごとにいちいち売買契約を締結する手間を省くために、予め適用される取引条件を一般的に定めておく契約をいう)や賃貸借契約等においてよく見られる、支配権の異動が生じた場合に相手方に契約解除権を付与する条項(「Change of Control 条項」と呼ばれる)を応用したものといえる。

⑽ パックマン・ディフェンス

「パックマン・ディフェンス」とは、敵対的買収を仕掛けられた対象会社が、逆に買収会社側を買収することによって敵対的買収を回避するという買収防衛策である。

この呼び名は、一九八〇年に当時のナムコが発売したテレビゲーム及びそのゲーム中のキャラクターの名称である「パックマン」に由来する。このゲームの中でプレイヤーが操作するパックマンは、普段はモンスターに追われているが、「パワーエサ」を食べると逆にモンスターを食べることができる。そのため、敵対的買収者をモンスター、対象会社をパックマンに見立てて、敵対的買収者に対して対象会社側が逆に買収を仕掛けることによる買収防衛策を、「パックマン・ディフェンス」と呼ぶようになったといわれている。規模が相対的に小さな事業会社（買収会社）がより大きな事業会社（対象会社）に対してLBOなどを用いて敵対的買収を仕掛けている場合等には、有効な買収防衛策である。

日本では、企業同士の株式の持ち合いに関しては、いわゆる相互保有株式についての議決権制限規制（会社法三〇八条一項、会社法施行規則六七条）が存在するため、対象会社が買収会社の総株主の議決権の二五％以上を取得すれば、買収会社は対象会社の株式についての議決権を全て喪失し、対象会社の株式をいくら買い増しても、対象会社に対する議決権を取得することはできない。買収会社が外国の法人である場合にも、この議決権制限規制は適用される。なお、買収会社が喪失するのは議決権だけであり、配当受領権などの経済的権利は喪失しない。

以上から、日本では、米国のように敵対的買収者に対してわざわざ逆買収まで仕掛けなくても、敵対的買収者の株式を市場等で買い上がって、その議決権の二五％以上を確保すれば、敵対的買収を防ぐことができる。このように、相互保有株式についての議決権制限規制を利用することで、買収防衛を果たすことができるので、このような防衛策を「日本版パックマン・ディフェンス」

と呼ぶこともある。なお、日産自動車とルノーとは、ルノーが日産自動車の株式の四三・四%を、日産自動車がルノーの株式の一五%を、それぞれ保有する関係にある(但し、二〇二三年二月、両社は双方の持株割合を一五%ずつに揃えることで合意した旨を発表した)が、ルノーが日産自動車の経営に不当な介入を行った場合には、日産自動車はルノーの株式につき一五%を超えて買い増すことができる旨の合意が存在する。かかる買増しが実際に行われ、日産自動車のルノーに対する持株割合が二五%に達した場合には、右に述べた相互保有株式についての議決権制限規制に基づき、ルノーの持つ日産自動車に対する議決権はすべて消滅することになる。

米国では相互保有株式についての議決権制限規制自体が存在しないため、右の「日本版パックマン・ディフェンス」と同様のことはできないが、ドイツ、フランス、イタリアなどでは、日本の相互保有株式についての議決権制限規制と類似した規制が存在するので、「日本版パックマン・ディフェンス」と類似した防衛策を講じることは可能である。

4 (敵対的)買収を制限する法規制

敵対的買収を制限する法規制は、日本だけでなく、欧米諸国にも広く見られるが、先進国では一般的に資本移動の自由が保障されている関係で、法規制の在り方は、おおむね共通している。

そこで、ここでは、日本を例にとって、敵対的買収を制限・規制する法規制を概観してみよう。

(1) 外為法

企業は社会的存在であって、雇用を生み出し、工場等が所在する地域に根を張る存在であるため、一口に敵対的買収といっても、最も世論の反発を受けやすいのが外国企業による敵対的買収であることは、日本だけでなく、欧米諸国でも新興国でも同様である。特に、対象会社が、広い意味での国家の安全保障に直結する事業を営んでいたり、電力・ガス、金融、通信・放送、航空など、社会の基幹的なインフラとなるサービスを提供している場合には、その経営支配権の帰趨は、政治的な関心事となることは避けられない。そこで、先進国でも、一般に、安全保障に関連する事業や基幹的な社会インフラに関わる事業を営む会社等への外国投資家による資本参加や経営への関与については、対内直接投資(Foreign Direct Investment)規制が課されている。

わが国では、一般的な(日本への)対内直接投資規制は、従来から「外国為替及び外国貿易法」(以下「外為法」という)に盛り込まれた対内直接投資に関する規制によって担われてきた。

外為法では、長らく、「外国投資家」による①上場企業の株式の一〇%以上の取得と②非上場企業の株式取得等が「対内直接投資等」として規制の対象とされており、中でも、いわゆる例外四業種と呼ばれていた規制業種を営む企業への「対内直接投資等」については、事前届出の対象とされていた。そして、事前届出の対象とされた「対内直接投資等」については、財務大臣と事業所管大臣による、①国の安全の確保、②公の秩序の維持、③公衆の安全の保護及び④わが国経済の円滑な運営、という四つの視点から審査がなされ、その結果、問題があるとされれば、変更ないし中止の勧告がなされ、それに対して外国投資家が応諾しなければ、変更ないし中止命令が発せられる、という規制の枠組みが採用されていた。このような規制の下で、二〇〇八年五月に、TCIによる電源開発(Jパワー)の一〇%を超える株式の取得について、電力の安定供給への悪影響の懸念等から、戦後初めてとなる中止命令が発せられていたところである。

二〇一九年外為法改正

米中の経済対立が深刻化する中で、トランプ政権下の米国で対内直接投資規制の中核を担ってきたいわゆる「エクソン・フロリオ条項」(正確には、一九八八年包括通商競争力法におけるエクソン・フロリオ条項)に基づき、対米投資制限に関する審査を行う対米外国投資委員会(CFIUS)の権限が大幅に強化されたことや、英仏独その他の欧州諸国における同様の動き等を受けて、日本でも、二〇一九年に外為法に基づく対内直接投資等に関する政令及び外為法が相次いで改正され、外国投資家による日本企業への投資に関する規制が大幅に強化された。

具体的には、①それまで、「対内直接投資等」として規制の対象となっていた外国投資家による行為に、株式取得以外に新たに委任状勧誘行為や共同して議決権を行使することの合意等が追加されると共に、②指定業種を営む上場会社の株式を取得する場合において、事前届出(「取得時事前届出」と呼ばれる)が必要とされる持株割合を、それまでの一〇%以上から一%以上に引き下げ、さらに、③指定業種を営む会社の役員に外国投資家本人やその密接関係者を選任する議案に株主総会で賛成すること等も、新たに事前届出(このための事前届出は「行為時事前届出」と呼ばれる)の対象に加える、といった改正がなされた。

他方、これによる対日投資への悪影響を防ぐため、④事前届出規制に新たに包括免除や一般免除の制度が導入され、外国機関投資家等の外国金融機関については、役員に就任しない、事業譲渡・廃止を提案しない、非公開技術情報にアクセスしないといった基準(免除基準)を満たせば、事前届出義務が免除されるものとされ(包括免除制度)、外為法違反で処分を受けた者や国有企業等を除く一般投資家についても、免除基準を満たせば、対象会社がコア業種(武器、航空機、電力、ガス、石油、通信、サイバーセキュリティ、鉄道等の業種)を営む場合を除き、事前届出義務が免除されるものとされた(一般免除制度)。また、対象会社がコア業種を営んでいる場合であっても、コア業種に属する事業に関し、取締役会等に対して期限を付して回答・行動を求めて書面等で提案を行わない等の一定の上乗せ基準を遵守すれば、対象会社の株式の一〇%未満の株式取得等については、事前届出義務が免除されるものとされた。

なお、この外為法の改正が施行された後の、二〇二〇年七月三一日開催の東芝の定時株主総会において、エフィッシモがその役員を社外取締役に選任することを求める株主提案を行ったが、当該社外取締役選任議案に関する外為法の事前届出(行為時事前届出)の審査の過程で、相当程度の議決権を保有したままその役員を東芝の取締役とすることは、国の安全保障等に影響を与えるとの懸念を生じさせることを強く認識したとして、エフィッシモは、総会前日(七月三〇日)に、東芝に対する持株割合を一五・三六%から九・九一%に減少させたことを発表した。

(2) 放送法

放送法及び電波法は、航空法その他の業法と同じく、放送事業者について、外資規制を定めており、外資による議決権比率が二〇%以上となる場合には、上場会社である放送事業者は、外国人・外国法人株主からの名義書換請求を拒絶できるものとされている。ちなみに、NTTについては、NTT法で、外資による議決権比率が三分の一以上となる場合には、会社は、外国人・外国法人株主からの名義書換請求を拒絶できるものとされている。

この放送法及び電波法に基づく外資規制は、かつては外資による直接出資のみを規制するものであったが、**第三章3**で詳述した二〇〇五年のライブドアによるニッポン放送株式の大量取得に際して、ライブドアが資金調達のためにリーマン・ブラザーズ証券に対して転換社債型新株予約権付社債(CB)を大量に発行し、同社が当該CBを全て転換した場合には外資が放送事業者を間接出資の形態で支配することになりかねなかったことから、二〇〇六年の放送法及び電波法の改正により、外資規制については間接出資も規制されることとなった(NTT法はそれ以前から外資規制について間接出資も規制していた)。

このような外資規制以外に、基幹放送を行う放送事業者については、放送法において、「基幹放送をすることができる機会をできるだけ多くの者に対し確保することにより、基幹放送による表現の自由ができるだけ多くの者によって享有されるようにする」ため、マスメディア集中排除原則が定められており、この原則が、副次的ではあるものの、放送事業者を敵対的買収から守る機能も果たしている。「基幹放送」とは、大雑把にいって、地上波テレビ、BS放送、一一〇度CS放送、AM、FM、短波放送のことを指す。

そして、このマスメディア集中排除原則の結果、基幹放送事業者は、原則として、二以上の基幹放送を行うこと(兼営)を禁止されており、支配関係を有する者を通じて二以上の基幹放送を行うこと(支配)も禁止されている。ここでいう支配関係は、同一の放送対象地域では議決権の一〇%超、異なる放送対象地域では議決権の三分の一超を保有していること等が基準とされている。

例外的に、二〇〇八年に施行された認定放送持株会社制度の下で、日本テレビホールディングス、TBSホールディングス等の認定放送持株会社については、地上波テレビ局については最大一二都道府県＝一二局（県単位で放送を行うローカル局は一局、在京キー局は七局、在阪準キー局は六局、在名準キー局は三局とカウント）まで、その議決権の二分の一超を保有することが可能とされるとともに、さらにBS放送局一局の議決権の二分の一超を保有することができる等とされている。

他方、認定放送持株会社に対する議決権については、放送の多元性確保の観点から、放送法によって、特定の株主の議決権比率は、原則として三分の一以下に制限されている。そのため、認定放送持株会社を敵対的に買収しようとしたとしても、一社のみではその議決権の三分の一までしか取得できない。

(3) 銀行法

銀行法では、銀行及び銀行持株会社に対して、主要株主認可規制等を課している。即ち、銀行及び銀行持株会社については、株式を五％超所有する株主に株式取得に関する届出を義務付けるとともに、単体又はグループで二〇％以上の株式を所有しようとする場合には、予め、金融庁から「主要株主」としての認可を取得すべきものとしている。この主要株主認可規制は、銀行や銀行持株会社の経営に実質的な影響力を有することとなる株主について、「主要株主」としての適格性を、財務面における健全性や株式所有の目的及び社会的信用等に基づいて審査するというものである。しかし、銀行や銀行持株会社を敵対的に買収しようとする者やアクティビストがこの主要株主認可を得られなければ、単体又はグループで二〇％以上の株式を取得することができないという意味では、銀行に対する敵対的買収やアクティビスト活動を抑止する機能があることは否定できない。

もっとも、主要株主認可規制の趣旨は、あくまで右のような銀行ないし銀行持株会社の「主要株主」としての適格性を審査するというものに過ぎないため、そのような適格性を有する者が、銀行や銀行持株会社を敵対的に買収したり、これらにアクティビスト活動をしたりすることを妨げるものではない。

実際、二〇二一年、ＳＢＩホールディングスが、金融庁から主要株主認可を取得した上で、その子会社を通じて、新生銀行に対してわが国初の銀行に対する敵対的ＴＯＢを実施している。これに対して新生銀行は、いったん有事導入型の買収防衛策を導入し、臨時株主総会で当該防衛策に基づく対抗措置の発動議案の承認を目指したものの、最終的には臨時株主総会の開催を中止して当該ＴＯＢを受け入れ、ＳＢＩホールディングスは、当該ＴＯＢを通じて、新生銀行に対する（子会社を通じた）持株割合を約四七・七七％にまで高めることに成功している。

⑷ その他の業法

その他、航空法では、航空運送事業者やその持株会社等について、外資による議決権比率が三分の一以上となる場合には、会社は、外国人・外国法人株主からの名義書換請求を拒絶できるものとされているが、このように、個別の業法において、外資規制が課されている場合がある。

コラム⑤　GAFAの「鉄壁の」買収防衛策？

ロシアによるウクライナ侵攻による世界的なインフレ懸念や米国の相次ぐ利上げにより、米国IT企業大手の株価はやや軟調気味となっているとはいえ、二〇二二年五月二七日現在、世界企業の株式時価総額ランキングでは、一位がアップル（約二・四二兆ドル）、二位がサウジ・アラムコ（約二・三九兆ドル）、三位がマイクロソフト（約二・〇四兆ドル）、四位がグーグル（現・アルファベット。約一・四五兆ドル）、五位がアマゾン（約一・一七兆ドル）で、八位にフェイスブック（現・メタ・プラットフォームズ。約〇・五六兆ドル）が入っており、いわゆるGAFA（グーグル、アップル、フェイスブック、アマゾン）は株式時価総額において他の大手企業を圧している。日本企業では、トヨタが三九位（約〇・二三兆ドル）にようやく顔を出す状態である。

しかし、GAFAのうち二社（グーグルとフェイスブック）は、株式時価総額がどうであろうと、資本構造上、絶対に敵対的に買収されることはない、というと驚く方も多いであろう。新自由主義の権化のようなGAFAのうち半分が、そもそも敵対的買収を全てはねつける鉄壁の買収防衛策によって守られているというのはどういうことなのであろうか。そのようなことがどうして可能となっているのであろうか。

答えは、これら二社は、株式上場の当初から、前記3で述べた「デュアル・クラス・ストラクチャー」を採用しており、経営陣及び上場前からの大株主は、複数議決権種類株を保有しているために、その出資割合に比して圧倒的に高い議決権割合を保持しているからである。そのため、グーグルやフェイスブックが敵対的に買収されることは事実上ないといってよい。

資本主義が最も高度な進化を遂げ、株主主権が徹底している米国では、大手企業があらゆる敵対的買収から会社を守ることができる買収防衛策を備えているなどとは夢にも思わない読者は多いのではないかと思うが、これが実態である。米国にせよ欧州諸国にせよ、国益のために一株一議決権原則にしっかり例外を設けている。買収防衛策への否定論が強いわが国の状況は、いささか理想主義的であるようにも思われる。

ちなみに、米国では、機関投資家で株式時価総額ランキング世界七位のバークシャー・ハザウェイもデュアル・クラス・ストラクチャーによって守られており、敵対的買収にあう心配は事実上あまりない。バークシャー・ハザウェイは、同一の経済的利益を有するクラスA株式よりも議決権数が小さいクラスB株式を発行しており、その結果、二〇二一年一二月末日現在、クラスA株式は、出資割合では全体の約四一・八%を占めるに過ぎないが、議決権割合では約八二・七%を占めている。その結果、同社の創業者であるウォーレン・バフェットは、クラスA株式を保有することによって、二〇二一年三月一五日現在で、出資割合では同社の一六・二%を保有するに過ぎないが、議決権割合では三二・一%を保有している。

また、現在、株式時価総額ランキング世界六位のテスラも、二〇一九年六月一一日の年次株主総会で廃止されるまで、シャーク・リペラントによって、敵対的買収から自らを守っていた。それまで、同社の附属定款には、合併のみならず、買収及び取締役の報酬の変更には、株主総会における「総株主の」議決権(「出席株主」の議決権ではないことに注意)の三分の二以上の賛成が必要とされていた。その結果、イーロン・マスク氏のテスラに対する持株割合と議決権割合は約二二%(マスク氏を含む経営陣等は約二五・五%を保有)に過ぎなかったものの、テスラを敵対的に買収するためには、残りの株主の実に八九・五%(六六・七%÷(一〇〇−二五・五)%=八九・五%)もの賛成が必要とされていたのである。

もちろん、GAFAの残り二社であるアップルとアマゾン、さらにはマイクロソフトやネットフリックス(及び現在のテスラ)等は、デュアル・クラス・ストラクチャーのような「鉄壁の」買収防衛策を有していないが、株式時価総額上位に君臨する米国の大手企業の多くがこのような強力な買収防衛策を備えているのを目の当たりにして、読者の皆さんはどのような感想を抱かれるであろうか。

第五章　各国は敵対的買収をどのように規制しようとしているか
——法的規制と判例の動向

買収防衛策として用いられるさまざまな（法的）手段や敵対的買収を抑止・制限する効果を有する様々な法制度については**第四章3及び4**で概観したが、本章では、もう少し広い視点から、敵対的買収や株主アクティビズムをめぐる法的規制や判例の動向を俯瞰してみることとしたい。

敵対的買収やアクティビストによる対象会社への経営介入の手法としては、**第一章5及び第二章3**で言及したとおり、主として、TOB、株式の市場内買付け、株主提案、臨時株主総会招集請求、委任状争奪戦、及びウルフ・パックがある。これらのうち、TOBと株式の市場内買付けについては、先進国ではTOB規制によって法的な規制がなされており、TOB規制を補完するものとして、株式を大量に取得したという事実を保有者に開示させる制度である大量保有報告規制が存在する。また、アクティビストが対象会社の経営陣を揺さぶる手段として、株主提案や臨時株主総会招集請求があるが、これらについては、先進国では、その行使要件等は会社法によって定められている。

そこで、以下では、それらに関する法的規制の枠組み及び判例の動向を、米国、欧州諸国及び日本の順に、大雑把に概観することにしたい。

1　米国

(1) 米国のTOB規制その他の企業買収をめぐる基本的な法的枠組み

各州会社法と連邦証券法

米国では、会社法は各州が制定しており、連邦レベルにおける会社法は存在しない。その代わり、上場会社については、連邦証券法(特に一九三四年連邦証券取引所法)とNYSEやNASDAQ等の証券取引所規則が、かなりの程度、連邦レベルにおける会社法的な役割を果たしている。もっとも、ややこしいことに、各州でも証券法(「ブルースカイ・ロー」と呼ばれる)が存在している。ただ、各州証券法は、日本でいうところの会社法の役割はあまり果たしていない。

連邦証券法は、TOB、株式の市場内買付け、株主提案及び委任状争奪戦について規制しているが、後述するように、各州の会社法においても、企業買収を規制する立法が存在する。また、ポイズン・ピルやシャーク・リペラント等の買収防衛策の是非をめぐる問題は、一般に取締役の信認義務(フィデューシアリー・デューティー。日本でいう善管注意義務とかなり重なり合っているが、内容は少し異なる)の問題として取り扱われることが多いため、それについての判例法は、各州の州裁判所が下す裁判例によって形成されている。

そして、上場会社の設立準拠法(会社が服することになる州会社法)は、全米五一州(コロンビア特別区を含む)の中で、比較的会社経営者側に有利な法制となっていることもあって、圧倒的にデラウエア州会社法であることが多いため(上場会社の約半数の設立準拠法はデラウェア州会社法であるといわれている。その他、カリフォルニア州会社法やニューヨーク州会社法を設立準拠法とする上場会社も一定数存在する)、州裁判所の裁判例のうち、デラウェア州の裁判所が下す裁判例の影響が非常に強い。デラウェア州では、州会社法やコモン・ロー上の取締役等の信認義務及び衡平法上の救済(差止請求や特定履行等)をめぐる紛争を審理する裁判所は二審制の構造をとっており、一審はデラウェア州衡平法裁判所、二審(最終審)はデラウェア州最高裁判所によって担当されている。そのため、米国における敵対的買収やアクティビストの経営介入をめぐる「判例」といった場合、デラウェア州最高裁判所の裁判例か、それがない場合にはデラウェア州衡平法裁判所の裁判例を指すことが多い。デラウェア州衡平法裁判所は、わが国でいう東京地裁民事第八部(商事専門部)と(実際には存在しないが)東京高裁の商事専門部とを併せたような機能・役割を果たしているといえる。

TOBと市場内買付けに対する規制

それでは、TOBと株式の市場内買付けについて連邦証券法はどのように規律しているのであろうか。米国でこれらを規律しているのは、基本的には一九三四年連邦証券取引所法であるが、本格的なTOB規制が導入されたのは、一九六八年である。そのときに同法を改正した法律(つまり、改正のための単行法）が「ウイリアムズ法」と呼ばれているため、米国のTOB規制をめぐる連邦法は、俗にウイリアムズ法と呼ばれる。しかし、正確には、ウイリアムズ法は一九三四年連邦証券取引所法に溶け込んでいるので、米国の法令集を紐といても、「ウイリアムズ法」なるものは出てこない。

ウイリアムズ法では、直接・間接に、上場会社の株式の五％超を実質的に取得するような「公開買付け」を行う場合には、SECへの事前届出（日本でいう公開買付届出書の提出）が必要とされる等の規制（TOB規制）に服する必要があると定めている。だが、「公開買付け」が何かについての定義規定はなく、何が「公開買付け」に当たるかについては、SECと裁判所に解釈権がある。

SECは、「八要素テスト」と呼ばれる基準を用いて、何が「公開買付け」に当たるか否かを総合的に判断しており、この基準は裁判所においても是認されているが、少なくとも、日本のように、市場内買付けであればア・プリオリにTOB規制が適用されないものとはされていない。さらに、欧州や日本のように、一定の議決権割合以上の株式を取得する場合には必ずTOBを行わなければならないとする義務的公開買付けの制度や強制公開買付け規制は存在しない。もっとも、裁判例においては、市場内で、期限を定めず、市場価格にプレミアムを付さずに対象会社の株式を取得する行為については、一般的には、TOB規制の適用はないと解されているようである（Kennecott Copper Corp. v. Curtiss-Wright Corp., 449 F. Supp. 951（S. D. N. Y. 1978））。

八要素とは、①一般株主に対する活発で広汎な勧誘があるか、②発行者の株式のかなりの部分に対する勧誘があるか、③市場価格を超えるプレミアムの支払いがあるか、④買付けの条件が、交渉次第というよりも固定的であるか、⑤最低買付株数が条件付けられているか、⑥一定の期間、買付けの申込みがオープンとなっているか、⑦勧誘を受ける株主(被勧誘者)が、提供圧力を受けているか、⑧株式の買集めに先立ち、又は同時に購入計画が公表されているか、の八つである。ただし、必ずしも八つの要素全てが揃わなくても「公開買付け」に当たり得るものとされており、実際に、どのようなものが「公開買付け」に該当して、ウイリアムズ法の下でのTOB規制に服することになるのかについては、多少曖昧な点が残っている。

米国では、右で述べたとおり、欧州諸国のように義務的公開買付けの制度がないため、いわゆる部分買付TOB(対象会社株式の全部を買い付けず、取得する株式数に上限を設定するTOB)によって、例えば、対象会社の議決権の過半数を取得しつつ、その上場を維持するような買収を行うことも可能である。

対象会社の取締役会は、TOBの開始から一〇営業日以内に、当該TOBについて、①受諾するよう株主に推奨する、②拒絶するよう株主に推奨する、③意見を差し控える、④現時点においてはどのような立場をも表明できない、のいずれかの立場を、理由とともに表明しなければならないものとされている。この意見表明の時点で、対象会社の取締役会が、買付けのオファーを拒絶するように株主に推奨したものが、一般的に敵対的ＴＯＢと呼ばれている。

なお、後述のとおり、米国では、欧州諸国のように、敵対的ＴＯＢがなされた場合に対象会社の取締役会はそれを阻害してはならないという中立義務やブレークスルー・ルールはない。

ＴＯＢ期間は、最低二〇営業日とされているが、日本のようにＴＯＢ期間に法定の上限はなく、ＴＯＢ期間は無制限に延長することができる。

また、日本と比較して、米国では買収者によるＴＯＢの撤回も比較的緩やかに認められている。

(2) 各州の企業買収規制立法

米国では、一九六〇年代に、ウイリアムズ法の制定によってＴＯＢ規制が整備されたこともあって、**第三章1**で言及したとおり、それ以降は、敵対的買収は、市場内買付けや委任状争奪戦を通じて行われるのではなく、主として、ＴＯＢを通じて行われるようになった。しかし、一九八〇年代の敵対的買収ブームを受けて、米国の各州では、競って反企業買収法(anit-takeover statutes)が制定されるようになった。

この反企業買収法は、初期の段階では、州証券法によって、ＴＯＢのプロセスを遅延させたり、州務長官が不衡平ないし不公正と認めたＴＯＢを差し止めたりすることができるようなタイプのものであった(これを「第一世代の反企業買収法」という)。しかし、一九八二年の連邦最高裁判所判決(Edgar v. MITE Corp., 457 U. S. 624(1982))によって、このタイプに属するイリノイ州の反企業買収法が連邦憲法の州際通商条項に反して違憲と判断された結果、第一世代の反企業買収法は姿を消した。

次に現れたのが、TOBのプロセス等を州証券法(俗にブルースカイ・ローと呼ばれる)によって規制するのではなく、州会社法によって、経営支配権を取得することができる程度の割合の株式(「支配株式」と呼ばれる)の取得それ自体、又は支配株式を取得した者が取得後に行う議決権行使を対象会社の株主総会の承認に係らしめるようなタイプや、買収者と対象会社との間の買収後における事業結合取引を規制するようなタイプの反企業買収法であり、「第二世代の反企業買収法」と呼ばれる。このタイプの反企業買収法については、一九八七年の連邦最高裁判所判決(CTS Corporation v. Dynamics Corporation of America, 481 U. S. 69(1987):以下、「CTS事件最高裁判決」という)によって、連邦憲法の州際通商条項等に反しないとして合憲と判断された。その結果、全米各州にこのタイプに属する様々な反企業買収法が広まった。なお、このCTS事件最高裁判決以降に制定された各州の反企業買収法を、特に「第三世代の反企業買収法」と呼ぶこともある。

前述したとおり、米国の上場会社の多くが設立準拠法としているのはデラウェア州会社法であるが、同法でも、発行済みの社外の議決権株式の一五%以上を保有することとなった株主(利害関係株主)は対象会社との合併その他の事業結合をすることが許されない(つまり、対象会社を一〇

○％子会社とすることもできない）とするタイプの反企業買収法が制定されている。なお、デラウェア州の反企業買収法の下では、この事業結合の制限について、利害関係株主が社外の議決権株式の八五％を取得するか、事業結合について取締役会決議及び非利害関係株主が保有する株式の三分の二以上の承認があれば、制限が解除されるといった様々な例外が設けられている。

このほか、この第二世代（ないしは第三世代）の反企業買収法に属するタイプのものとしては、取締役が買収提案に対応する際、株主の利益だけでなく従業員、会社に対する原材料ないし部品の供給者、顧客及び地域社会等に与える影響を考慮することができる旨規定するもの（取締役の信認義務を負う対象を、株主だけでなくそれらのステークホルダーに対しても広げるものであるため、「信認義務修正法」と呼ばれる）も存在する。米国では株主主権論がわが国や欧州諸国よりも強いと思われている中で意外に思われるかも知れないが、ペンシルベニア州、オハイオ州、イリノイ州など、全米で合計三三州がこの信認義務修正法を持つに至っている。但し、デラウェア州ではこの信認義務修正法は導入されていない。

(3) 買収防衛策をめぐる判例法理

米国では、州会社法において、一般に、所有と経営との分離が徹底されており、会社の業務執行に関する意思決定（経営）については、取締役会のみが権限を有するものとされている。

敵対的買収やアクティビストによる経営介入に対してどのように対応すべきかは、まさに会社の業務執行に関する意思決定(経営)そのものであるから、米国では、ポイズン・ピルなどの買収防衛策を導入するか否か、それを発動するか否かは全て取締役会のみが決定できるものとされ、わが国のように、買収防衛策の導入やその発動に株主総会の決議が必要と考えられてはいない。従って、判例において、株主総会決議がないからといってポイズン・ピルの導入やその発動が違法となることはなく、また、日本のように(事前予防規制としての)有利発行規制(特に有利な条件や金額で特定の者に対して株式を発行することへの規制)もないため、有利発行であるか否かを問わず、第三者割当増資その他の新株発行も、株主総会決議を経ることなく、取締役会決議のみで行うことができる。もっとも、NYSEへの上場会社は、NYSEの上場規則によって、二〇%以上の新株発行を行う場合には、株主総会の普通決議による承認が要求されている。これらの点は、わが国と大きく異なる点である。

また、米国では、前述のとおり、EU諸国で見られるような、敵対的TOBがなされた場合における取締役会の中立義務(TOB期間を含む一定の期間中、対象会社の取締役会は、敵対的であるか否かを問わず、TOBの成功に障害となるような行動をとってはならないという原則)ないしブレークスルー・ルール(詳細は後記2参照)も存在しない。

他方、米国では、業務執行に関する意思決定(経営)についてはもっぱら取締役会の権限とされる一方で、取締役は株主に対する信認義務・忠実義務に従って業務執行を行わなければならないと考えられている。そのため、ポイズン・ピルの導入とその発動や第三者割当増資その他の新株発行が信認義務・忠実義務違反とされれば、それらは違法とされ、裁判所によって差し止められることになる。

そして、米国では、日本のような大陸法系の国と異なり、デラウェア州衡平法裁判所のような衡平法裁判所（エクイティ・コート（※））が存在するため、衡平法裁判所は、取締役に信認義務・忠実義務違反があると認定すれば、導入ないし発動されたポイズン・ピル（日本でいえば全株主に無償で割り当てられた新株予約権）を消却すべきことを直接命じることもできる。

（※）救済の具体的内容について、法の命じるところをより有効に実現するという見地から、弾力的な救済手段を命じることができる裁判所。

そのため、米国では、ポイズン・ピルや第三者割当増資その他の新株発行の適法性は、もっぱら「取締役に信認義務・忠実義務違反があると解されるか否か」をめぐって争われる。この点も、ポイズン・ピルや第三者割当増資その他の新株発行の適法性が、新株ないし新株予約権の発行等が不公正発行ないし有利発行規制に違反するか否か、または株主平等原則ないしその趣旨に違反するかという法令違反の有無をめぐって争われるわが国とは、大きく異なっている。

ポイズン・ピルをめぐる判例

ポイズン・ピルの設計それ自体が取締役の信認義務に反するものではなく、適法であることについては、第三章1で言及したとおり、一九八五年のデラウェア州最高裁によるモラン事件判決によって明確化されたが、米国において、買収防衛策は、いかなる場合にどのような条件の下で取締役の信認義務に違反せず、適法と解されることになるのであろうか。これについては、ユノカル事件判決、レブロン事件判決、QVC事件判決、タイム事件判決、ブラウシス事件判決という五つのデラウェア州裁判所の判決(前四者は最高裁の、ブラウシス事件判決は衡平法裁判所の、それぞれ判決である)が非常に重要である。

まず、一九八五年のユノカル事件判決(第一章4参照)は、次のような事件に対して下された判決であった。メサ・ペトロリアムがユノカルに対して部分買付TOBを実施し、買い付けられなかった残りの株式はスクイーズ・アウト手続(現金による少数株主の強制的な締出しの手続)においてTOB価格と同額のジャンク債と強制交換すると宣言した。これに対して、デラウェア州最高裁は、ユノカルによる買収防衛策(メサ・ペトロリアムの保有する株式以外の全ての株式を自社株TOBにより買い付けるという差別的自社株TOB)の差止めを認めず、その適法性を是認した。

この判決は、①会社の政策又は機能に対する危険が生じたと信じる合理的な理由があり(脅威の要件)、②防衛策がその脅威との関係で相当なものであれば(相当性の要件)、取締役会はそのような買収防衛策を実施することができる、としたものであって、後述するわが国のブルドックソース事件最高裁決定にも多大な影響を与えている。

次に、一九八六年のレブロン事件判決(第三章1参照)及びそれを敷衍した一九九四年のＱＶＣ事件判決(Paramount Communications, Inc. v. QVC Network, Inc., 637 A. 2d 34(Del. 1994))は、会社の経営陣がその経営支配権の変更又は会社の解体をもたらすような取引に自ら着手した場合には、取締役の信認義務の内容は、株主が合理的に獲得し得る最善の価値を追求すること(大雑把にいえば、株主にとって最高の価格を引き出すこと)に転化する、ということを示したデラウェア州最高裁判決である。これら両判決によって、競合する買収者の一方を優遇するような取引(いわゆるロック・アップ)は取締役の信認義務違反として違法・無効となることが確立した。

タイム事件判決については後述するが、最後に、一九八八年のブラウシス事件判決(Blausis Industries, Inc. v. Atlas Corp., 564 A. 2d 651(Del. Ch. 1988))は、対象会社(アトラス)の経営方針に不満を持つ最大株主であるブラウシスが、対象会社取締役会の定員を七名から一五名に増員し、新たにそのうち八名をブラウシスが送り込む旨の対象会社との合意書を締結する前日になって、対象会社が、取締役会限りで附属定款を修正して取締役の定員を七名から九名に増員した上で、ブラウシス側の候補者以外から新たに二名の取締役を選任して、ブラウシスによる経営支配権の取得を阻止したという事案をめぐるものであった。これに対し、デラウェア州衡平法裁判所は、取締役会に信認義務違反があることを認め、附属定款を修正するとの取締役会決議を違法・無効とした。対象会社であるアトラスの取締役会は、ブラウシスによるリストラの提案は非現実的で、実施されればアトラスとその株主に損害を与えるおそれがあるとの理由でそのような措置を講じたのであるが、衡平法裁判所は、取締役会が、株主による決議(この件では過半数株主による取締役八名の選任決議)を妨害することを唯一または主たる目的としてとった措置については、かかる措置にやむを得ない正当事由があることを取締役会側で立証すべきであって、それが立証できない以上、当該措置は信認義務違反を理由として違法・無効となるとした。

(4) 株主利益かステークホルダーの利益か

今まで述べきた問題とは別の切り口からの問題であるが、買収防衛策の適法性を判断するに当たって、対象会社の取締役会は株主の利益のみを考慮すべきか、それとも従業員や地域社会といった他のステークホルダーの利益を考慮することも許されるかについては、米国において非常に大きな影響力を持つデラウェア州最高裁判所の立場にも揺らぎが見られる。

まず、ユノカル事件判決では、デラウェア州最高裁は、取締役会が買収提案への対応を検討するに際して、株主以外のステークホルダーの利益を考慮することも認めていた。他方、レブロン事件判決では、デラウェア州最高裁は、ユノカル事件判決とは異なり、対象会社が「売りに出た」場合（解体されることになった場合を含む）には、対象会社の取締役会は「競売人」の立場に立つものとされ、競合する各買収提案への対応を決定するに際して、もはや株主以外のステークホルダーの利益を考慮することは許されず、取締役会は、もっぱら「株主のために」合理的に期待できる最善の買収価格を引き出すべく行動すべきものとされていた。

もっとも、一九八九年のタイム事件判決（第一章4参照）では、それらとは異なる判断が示された。タイム事件とは、次のような事件であった。すなわち、タイムとワーナーとの間で合併契約が締結され、その承認議案がタイムの株主総会に付議されることとなった。その段階で、パラマウントがタイムに対して現金を対価とする全部買付TOBによる対抗買収提案を行ったのに対して、タイムの取締役会が、ワーナーとの合併を、タイムによるワーナーの全部買付TOBによる買収に切り替えて対抗した。デラウェア州最高裁は、タイムの取締役会は、株主の短期的利益の最大化のために会社の戦略を放棄する義務を負わず、ワーナーの買収は、タイムの長期的戦略に適い、その企業文化を維持することができるものであるとして、タイム取締役会がワーナーへのTOBを行うことは適法であって許されるとした。このタイム事件判決の捉え方自体についても争いがあるが、一般的には、この判決は、敵対的買収が、対象会社の企業文化を破壊すること等により、その中長期的な企業価値を毀損する（またはその最大化を妨げる）場合には、対象会社の取締役会は、その敵対的買収に対して対抗措置を講じることが許されるとしたものであると考えられている。

結局、現在のところは、米国で最も影響力があるデラウェア州の判例では、対象会社が「レブロン状況」（対象会社が「売りに出ている」か、解体されるような状況）に陥っているのでない限りは、取締役会は、株主の利益に合理的に関連する場合に他のステークホルダーの利益を考慮することができるが、株主の利益と他のステークホルダーの利益とが衝突する場合には株主の利益（但し、短期的利益ではなく、中長期的利益）を優先して考慮すべきとの立場が採られている、と理解するのが一般的なようである。

(5) 株主提案、臨時株主総会招集請求権及び委任状争奪戦についての規律

日本でいう株主総会招集通知及び参考書類は、米国の上場会社では、委任状勧誘書類（プロキシー・マテリアルズ）と呼ばれ、連邦証券法（一九三四年連邦証券取引所法）によって規律されている。そのため、委任状争奪戦についてだけでなく、日本でいう株主提案権（株主総会招集通知に議案の要領を掲載して貰う権利）についても、連邦証券法の規制の下におかれている。

そして、連邦証券法及びSEC規則の下で、株主提案権を行使するための要件は、市場価格で二〇〇〇ドル以上又は議決権の一％以上の株式を一年以上保有することとされている。また、一名の株主が一回の株主総会で提案できる事項は、SEC規則によって一つに限定されている。

また、連邦証券法及びSEC規則の下で、州会社法では不適法・不適切とされる株主提案はできないものとされているが、前述したとおり、米国では、州会社法において、一般に、「所有と経営との分離」が徹底されており、会社の業務執行に関する意思決定(経営)については、取締役会のみが権限を有するものとされている。また、一般に、州会社法上、基本定款の変更を株主総会に提案できるのは取締役会だけであり、株主が基本定款の変更議案の形で、会社の業務執行について株主提案を行い、株主総会の決議によって取締役を拘束することはできないものとされている。

そのため、州会社法上、もっぱら取締役会の権限に属するものとされている業務執行に関する意思決定(経営)の問題については、株主は勧告的な提案しかできない。また、基本定款の下位規範である附属定款については、株主提案をすることも認められているが、附属定款で定めることができるのは、取締役の定員や取締役会の決議要件といった手続的な事項に限られ、実体的な経営判断について取締役会を拘束するような附属定款を定めることは許されないとされている。さらに、会社の通常の業務に属する事項については、SEC規則において、勧告的提案としても株主提案を行うことはできないとされている。

以上から、アクティビストが対象会社を揺さぶる手段として株主提案を用いようとする場合、米国では、基本的に、取締役の選解任に関する議案を株主提案するしかない。ポイズン・ピルの廃止や取締役の報酬に関する議案(Say on Pay に係る議案)が株主提案によって提出されることもあるが、それらは勧告的効力しか有しないため、可決されても、対象会社によって無視されることも多い。

また、臨時株主総会(special meeting と呼ばれる)の招集請求権については、例えば、デラウェア州会社法では、取締役会のほか、基本定款又は附属定款に記載された者のみが有するものとされている。そのため、基本定款及び附属定款によって株主には臨時株主総会招集請求権はないとしている会社も多く、株主にそれを認めている場合でも、議決権の二〇%以上など非常に厳しい要件を課している場合も多い。例えば、マイクロソフトやメタ・プラットフォームズ(旧フェイスブック)、ネットフリックスは、株主には臨時株主総会招集請求権を認めていない。また、GM(ゼネラル・モーターズ)やアマゾン、ボーイング、ジョンソン&ジョンソンは議決権の二五%以上、JPモルガン・チェースやペプシコ、アルファベット(旧グーグル)は議決権の二〇%以上を、それぞれ保有している株主にのみ、臨時株主総会の招集請求権を与えている。

従って、アクティビストが対象会社を揺さぶる手段として臨時株主総会招集請求を用いることができる場合は、日本と比較して非常に限定的である。

(6) 大量保有報告規制とウルフ・パックへの対応

ウルフ・パックに対しては、株主ないし株主グループが一定数量以上の対象会社株式を取得した場合に、当該株主ないし株主グループによる株式保有の目的や状況等について開示させる大量保有報告規制（日本では「五％ルール」と呼ばれることもある）が重要であるが、米国でも、連邦証券法（一九三四年証券取引所法）で大量保有報告制度が設けられており、直接・間接を問わず、対象会社の株式の五％超を取得・保有するに至った場合は、取得後一〇日（暦日ベース）以内に、その取引の詳細などに関して、対象会社、証券取引所及びＳＥＣに報告しなければならないものとされている（その報告書は、一般に Schedule 13-D と呼ばれている）。

しかし、トータル・リターン・スワップ（※）（以下「ＴＲＳ」という）などのエクイティ・デリバティブ（※※）を用いて秘密裡に株式を買い増す「ステルス型」の株式買増しに大量保有報告規制が適用されるかは不明確であり、また、複数のアクティビスト・ファンド等が協調して行動しているときに、それらがわが国の大量保有報告規制上の「共同保有者」に当たる「グループ」を形成していると判断されるのはどのような場合かについても、かねてから必ずしも明確な基準が存在しなかった。それもあって、米国では、複数のアクティビスト・ファンドが秘密裡に、エクイティ・デリバティブ等を用いて協調しながら対象会社の株式を潜在的に買い上がり、ある日突然、大量保有報告書を提出して大量の対象会社株式を保有している旨を開示するような戦術（第二章3で述べた「ウルフ・パック」）が横行してきた。この点、ＣＳＸ対ＴＣＩ事件（詳細は第三章1参照）についてのニューヨーク州南部地区連邦地裁判決(CSX Corp. v Children's Inv. Fund Management(UK), 562 F. Supp. 2d 511(S. D. N. Y. 2008))が、TRS等を用いるなどしてCSXの株式を協調して買い集めていたTCI及び3Gに対して大量保有報告規制違反があったと判断したことで、ウルフ・パックの横行にいったんは一定の歯止めが掛けられたかにみえた。しかし、同事件の控訴審である第二巡回区連邦控訴裁判所では、TRSのロングポジション(買い持ちポジション)が実質的所有に当たるか否かについては合議体での意見が一致せず、TCIと3Gが「グループ」を形成しているかについても「グループ」と判断するには原審の認定は不十分であるとして、原審判決を破棄し、事件を原審に差し戻す判決が下された(CSX Corp. v Children's Inv. Fund Management(UK), 654 F. 3d 276(2d Cir. 2011))。そのため、どのような場合にウルフ・パックが大量保有報告規制に違反することになるのかについては、結局、不明確なままであった。

(※)株式についてのトータル・リターン・スワップ(Total Return Swap)とは、原資産である株式のキャピタル・ゲイン(値上がり益)及びインカム・ゲイン(配当)などを全て含む投資へのリターンと事前に取り決めた金利とを交換するデリバティブ取引の一種である。具体的には、株価変動によるリターンや配当などの、原資産である株式から生まれる全てのキャッシュ・フローと、固定金利や変動金利とを交換するというものである。比喩的にいえば、ある株式のTRSを保有していれば、その株式から生まれるすべての経済的な損益を保有しているのと同じことになる。

(※※)株式のようなエクイティ証券についてのデリバティブをエクイティ・デリバティブといい、その中でも、エクイティから生まれるキャッシュ・フローを他の種類のキャッシュ・フロー（典型的には固定金利や変動金利であるが、他の銘柄の株式の株価なども あり得る）と交換するものをエクイティ・スワップという。このスワップの売り越し又は買い越しの持ち高のことをポジションという。

しかし、二〇二二年二月一〇日、SECは、長年の懸案であった大量保有報告規制の改正案を遂に公表した。これによれば、大量保有報告書の提出期限は、従来の、五％超の取得後「一〇日以内」から、日本と同様に「五営業日以内」に早められることになった。TRSなどのエクイティ・デリバティブを用いた潜在的な株式買集めについても、既に二〇二一年一二月一五日に公表されていたSEC規則改正案において、TRSを含む株式を原資産とするスワップのポジションについて広く開示規制が及ぶものとされていたが、さらに、現金決済型のエクイティ・デリバティブの保有者についても、会社支配に変更又は影響を与える目的や効果がある場合には、「実質的所有者」として大量保有報告規制の対象となることが明確化された。この改正案が正式に施行されれば、ウルフ・パックの横行にかなりの抑止効果を発揮するのではないかと見られている。

2 欧州

(1) ＥＵ及び英国のＴＯＢ規制その他の企業買収をめぐる基本的な法的枠組み

ＥＵ公開買付け指令

ＥＵ及び英国の企業買収をめぐる基本的な法的枠組みは、二〇〇四年に成立したＥＵ公開買付け指令（ＥＵ企業買収指令）に基づいている。ＥＵ指令（ディレクティブ）は、ＧＤＰＲ（一般データ保護規則）のようなＥＵ規則（レギュレーション）と異なり、ＥＵ域内の個人や企業に対する直接の法的拘束力がなく、あくまで各加盟国に対して、指令の内容に沿った国内法の制定を義務づけるに過ぎないものである。また、ＥＵ指令に盛り込まれた内容でも、各加盟国にその採否につき一定の裁量が認められているものも多い。そのような事項を各加盟国が国内法に盛り込むことを選択することは「オプト・イン（opt in）」、逆に盛り込まないことを選択することは「オプト・アウト（opt out）」と呼ばれる。

敵対的買収やアクティビストへの対応に関連するＥＵ指令としては、ＥＵ公開買付け指令のほか、二〇〇七年に成立し、二〇一七年に改正がなされたＥＵ株主権利指令がある。

なお、英国は、二〇二〇年一月三一日にＥＵから正式に離脱した（いわゆるブレグジット）が、そのＴＯＢ法制や会社法制はＥＵ指令に基づいて整備されているため、英国の企業買収をめぐる法的枠組みは、基本的にEU指令の内容に準拠している。

EUにおけるTOBの規制

そこでまずEU公開買付け指令の内容を概観すると、同指令に基づく規制は、日米のTOB規制とは異なり、市場内取引であるか市場外取引であるかを問わず、上場会社の経営支配権に大きな影響を及ぼすような大規模な株式の取得（おおむね、議決権の三〇％以上に相当する株式の取得）に際してあまねく適用されるものとされている。そのため、EU公開買付け指令は、証券法制についての指令であると共に、会社法制についての指令という性格も有している。そして、市場内取引であるか市場外取引であるかを問わず、議決権の一定割合（おおむね三〇％）以上の株式を取得する場合には、TOBによって全株式について買付けの申込みをすること及び当該申込みに応じて応募された株式全てを買い付けることが強制されている（全部勧誘・全部買付け義務）。このようなTOB規制の在り方は、義務的公開買付制度と呼ばれている。この義務的公開買付制度が適用される議決権割合の閾値《いきち》（トリガー割合）は、具体的には各国の国内法によって定められるものとされている。

このような義務的公開買付制度が存在するため、それが適用される議決権割合以上の株式を取得しようとする場合には、部分買付TOBを行うことはできず、全部買付TOBを行うほかない。

従って、ＥＵ域内及び英国では、議決権の五一％を上限とした部分買付ＴＯＢを行うことはできず、結果として、親子上場は非常に生じにくい。

ＥＵ公開買付け指令の適用範囲は、ＥＵ加盟国の証券取引所に株式を上場している企業であるが、各加盟国の国内法に基づき、それ以外の上場企業にも適用範囲を拡張することができるとされている。

ＴＯＢの監視・監督は、各加盟国が行うものとされ、買収者の所在地ではなく、買収の対象会社の株式が上場している証券取引所の所在地国の国内法が適用される。

少数株主を保護するため、ＥＵ公開買付け指令では、公開買付者が対象会社の議決権の九〇％以上（この水準は九〇％以上九五％以内の枠内で各加盟国が国内法で定める）を有するか又は取得するに至った場合には、少数株主は、原則として、自らの保有株式を公正な価格で買い取るべきことを当該公開買付者に対して請求することができ（セルアウト権）、他方、その場合には、公開買付者は少数株主からその保有株式を「公正な価格」によって強制的に取得することができる（バイアウト権ないしスクイーズ・アウト権）とされている。

ＥＵ公開買付け指令においては、ＴＯＢ価格は直近六か月以上一二か月以内（期間は、各加盟国が設定できる）で、買収者が対象会社の株式を買い付けた最高価格を、右の「公正な価格」とみなすものとされている。また、ＴＯＢ期間は、公開買付届出書の公表から、原則として、二週間以上一〇週間以内とされている。TOBの撤回及びTOB価格の変更に関しては、EU公開買付け指令においては特に具体的なルールは定められておらず、各加盟国に委ねられている。

ブレークスルー条項と買収防衛策の制限

TOB期間中は、議決権の制限、譲渡制限、複数議決権、特定の株主のみが保有する取締役選解任権など、買収を妨げる定款規定や株主との契約(一般には種類株式)は、全てないものとして取り扱われるものとされている(ブレークスルー条項。EU公開買付け指令一一条)。そして、買収者がTOBによって七五％以上の議決権を取得した場合、これらは効力を失う。種類株式などが無効になった場合には、株式の価値がその分低下することがありうるが、その場合、株主は相応の金銭的な補償を求めることができる。もっとも、ブレークスルー条項は、EC条約(現・EU機能条約)に反しない限り、加盟国政府が保有する黄金株には適用されない。また、TOBに対して、取締役会は、株主総会の事前承認を得なければ買収防衛策を発動してはならないものとされているが、同時に、TOBに対して意見を表明する義務があるとされている(取締役会の中立義務。EU公開買付け指令九条)。なお、原則として、取締役会は、TOBに際して対象会社の全体としての利益のために行動することが求められ、TOBにつき株主にその是非を判断させる機会を否定してはならないものとされている。

このように、ＥＵ公開買付け指令の下で、取締役会が買収防衛策を講じることは厳しく制限されている。

ブレークスルー条項のオプト・インないしオプト・アウト

もっとも、このＥＵ公開買付け指令九条の取締役会の中立義務条項と同一一条のブレークスルー条項は、各加盟国が、オプト・アウトするか、オプト・インするかを選択できる。この点については各加盟国間で相互主義が採用されており、ＥＵ公開買付け指令九条又は一一条をオプト・インした国の会社が、オプト・アウトした国の買収者にＴＯＢをかけられた場合には、ＥＵ公開買付け指令九条又は一一条の適用は免除されるものとされている。

後述するが、ドイツは、ＥＵ公開買付け指令九条・一一条を共にオプト・アウトしている。他方、フランスは、ＥＵ公開買付け指令九条をオプト・インしているが、同一一条はオプト・アウトしている。なお、英国は、ＥＵに加盟していた当時、ＥＵ公開買付け指令九条はオプト・インしていたものの、同一一条はオプト・アウトしていた。

ちなみに、ＥＵ公開買付け指令一一条のブレークスルー条項を完全に国内法化したのはＥＵ加盟国のうちエストニアだけであり、それを部分的に国内法化したのもフランスとイタリアだけである。

(2) 英国のTOB規制その他の企業買収をめぐる基本的な法的枠組み

英国におけるTOB規制とテイクオーバー・コード

英国はブレグジットによりEUを離脱しているが、その企業買収をめぐる基本的な法制度はEU公開買付け指令に準拠している。

英国では、義務的公開買付制度が採用されている。市場内取引であるか市場外取引であるかを問わず、総株主の議決権の三〇%以上に相当する株式を取得した場合及びかかる数量の株式を取得する場合には、原則として、TOBによって全株式について買付けの申込みをすること及び当該申込みに応じて応募された株式全てを買い付けることが強制されている(全部勧誘・全部買付け義務)。しかも、その際に、応募が足りずに五〇%超の議決権を取得するに至らない場合には、買付者は対象会社の株式を一株も取得することができないものとされている。つまり、英国では、議決権割合が三〇%以上五〇%以下となるような株式取得を行うことは、原則としてできない。

そして、TOBに失敗した後、公開買付者は一年間は対象会社の議決権の三〇%以上に相当する株式を取得することはできない。

TOBの対価として、現金以外に、買収者の株式等を用いるエクスチェンジ・オファー(日本では「自社株対価TOB」と呼ばれることもある)も可能である。

また、英国会社法上、公開買付者が全株式を対象とするTOBにより議決権の九〇％以上を取得した場合には、公開買付者にはバイアウト権（スクイーズ・アウト権）が与えられる。TOB期間終了後三か月以内に通知をしてTOBに応じなかった少数株主からTOB価格と同額で対象会社の株式を強制的に取得できるという権利である。

他方、この場合には、英国会社法上、TOBに応募しなかった少数株主にもセルアウト権が認められており、TOB期間終了後三か月以内に、公開買付者に対して、自己の保有する対象会社株式をTOB価格と同額で買い取ることを請求することができるものとされている。

英国では、一九六八年から、企業買収に関わる専門家集団であるテイクオーバー・パネル（以下「パネル」という）が策定した、テイクオーバー・コード（※）に基づいて、企業買収についての規制がなされている。パネルは、ロンドンのシティ（金融街）の金融機関や法律事務所、会計事務所などの有力メンバーから構成される民間団体（事務局もそれら団体からの出向者が担っている）ではあるが、EU公開買付け指令上の要請に基づき、英国会社法に設置根拠を有する公的監督機関となり、テイクオーバー・コードの制定権も有することとされたため、現在では、テイクオーバー・コードは英国の会社法制の一部を成している。

（※）かつては「シティ・コード」と呼ばれていた（邦語では、「企業買収コード」などと呼ばれる）。一九六八年に自主規制として制定されたが、二〇〇六年英国会社法により法律上の根拠を持つことになった。

パネルには広汎な権限が与えられており、買収者がTOBを撤回できるか否かはパネルの判断によるものとされているほか、パネルは、対象会社の株主総会又は取締役会の同意がある場合等において、買収者について、義務的公開買付制度の適用除外を認めることもできる。

TOBに際して、買収者は、公開買付者の状況、買付条件、TOBの目的、買付け後の計画、資金の出所、対象株式の保有状況、取引状況等の情報を開示することが求められるが、日本や米国の場合と異なり、買収後の従業員の雇用計画も公表しなければならないものとされている。TOB期間は、TOB開始後、二一日間以上七四日間以内とされており、TOB開始後一四日以内に、対象会社の取締役会が、TOBに対する賛否について意見表明を行うものとされている。英国会社法上、わが国の金商法上の質問権制度(※)と同様の質問権制度が定められている。

(※)質問権の制度は、二〇二二年に旧統一教会問題によってにわかに脚光を浴びることになったが、宗教法人法(平成七年(一九九五年)改正で導入された)では質問を行う主体は所轄庁である文部科学大臣であるのに対し、金商法上の質問権の主体は買収の対象となった会社であって、究極的には、その質問の内容とそれに対する買収者からの回答を開示することで、TOBに関するより掘り下げた情報を投資家や株主に対して周知して、その投資判断の参考にすることを目的としている。

買収者は、TOB開始の二八日前までに、対象会社の取締役会に対して、TOBを実施する旨を通知すると共に、買収価格等の買収条件の詳細その他の所定の事項を公表しなければならないものとされている(この公表は「Firm Offer Announcement」と呼ばれる)。また、このFirm Offer Announcement に先立って、買収者がTOBの準備・検討を行っている段階で、対象会社の買収に関する噂や憶測が流れた場合や株価に一定の変動がみられた場合等には、具体的な状況（特に、買収者による対象会社取締役会への接触の有無）に応じて、買収者又は対象会社に対して、買収が検討されている旨の公表（「Possible Offer Announcement」と呼ばれる）又は買収意向がない旨の公表義務が課されるが、Possible Offer Announcement がなされた場合には、買収者は、その公表日から二八日目の午後五時までにTOBの実施の有無につき確定的な意向表明をする必要があるとされている（「Put Up or Shut Up」又は「PUSU」と呼ばれる）。このため、敵対的買収提案を受けた対象会社は、実務上、その段階で自ら Possible Offer Announcement を行い、買収者に対して右の確定的な意向表明を期限付きで迫ることが多い。

なお、テイクオーバー・コードでは、対象会社株主の権利保護の見地から、オファー期間（及びオファーが合理的に検討されている期間）において対象会社が買収提案者との間でいわゆる取引保護条項の合意を行うことを、買収提案者のみに義務を課す合意等のわずかな例外を除いて原則として禁止しており、対象会社に買収合意を破棄した場合の違約金（ブレークアップ・フィー）の支払義務を課すことは、通常認められない。他方、競争法当局の承認が得られない場合等において、買収提案者側から買収合意を破棄する場合に買収提案者側に違約金（「リバース・ブレークアップ・フィー」と呼ばれる）の支払義務を課すことは、テイクオーバー・コード上も制限されておらず、買収提案者側は、買収価額の一〜二％のリバース・ブレークアップ・フィーの支払義務を負わされることが通常である。従って、英国では、買収提案を行うことにはかなりのリスクが伴うため、真摯でない買収提案がなされることは実際上ほぼないといってよい。

ブレークスルー条項のオプト・アウトと買収防衛策

買収防衛策については、TOB期間中（場合によりそれ以前でも）は、原則、株主総会の承認がない限り、取締役会が買収防衛策を発動することは禁止されており、取締役会には中立義務が課せられるが、例外的に、パネルが許可すれば買収防衛策を発動することも可能である。種類株式等を利用した事前の買収防衛策をTOB期間中失効させるブレークスルー条項については、英国は、前述のとおり、オプト・アウト（自国では不採用）を選択している。

このように、英国では、企業買収法制において取締役会の中立義務が定められていること等もあって、敵対的買収はわが国よりも活発であるが、右のPut Up or Shut Up（PUSU）の制度に見られるように、敵対的買収を仕掛ける場合には、買収者に十分な覚悟が求められる点には留意が必要であろう。

また、FTSE一〇〇（ロンドン証券取引所（LSE）における株価指数）に登載されている企業では株主総会で議決権を行使する株主の比率が約六〇％と低いため、アクティビストが株式をブロックで（まとめて）取得して対象会社の経営に介入することも容易である。他方、義務的公開買付制度が採用され、市場内取引であろうと市場外取引であろうと、議決権の三〇％以上を取得する場合には全部勧誘・全部買付け義務が課される。そのため、日本のように、アクティビストが部分買付ＴＯＢや市場内における大量買付けを駆使して対象会社の経営陣に強い圧力をかけ、自社株ＴＯＢ等を行わせて利益を上げること等は、事実上不可能である。

(3) フランスのＴＯＢ規制その他の企業買収をめぐる基本的な法的枠組み

フランスにおけるＴＯＢ規制とテイクオーバー・コード

フランスでも、通貨金融法典において、義務的公開買付制度が採用されており、市場内取引であるか市場外取引であるかを問わず、総株主の議決権の三分の一超に相当する株式を取得した場合及びかかる数量の株式を取得する場合には、原則として、ＴＯＢによって全株式について買付けの申込みをすること及び当該申込みに応じて応募された株式全てを買い付けることが強制されている（全部勧誘・全部買付け義務）。ＴＯＢの対価として、現金以外に買収者の株式等を用いるエクスチェンジ・オファーも可能である。

フランスにおけるＴＯＢ手続の最大の特徴は、公開買付案及び公開買付文書の内容（ＴＯＢ価格を含む）については、フランスにおけるＴＯＢの規制・監督当局である金融市場機関（「ＡＭＦ」と呼ばれる）の審査を受けなければならず、その承認を受けない限り、ＴＯＢを実施できないとされている点である。

また、通貨金融法典上、公開買付者が全株式を対象とするＴＯＢにより議決権及び出資の九五％以上を取得した場合には、公開買付者にはバイアウト権（スクイーズ・アウト権）が与えられ、公開買付者は、ＴＯＢ期間終了後三か月の期間内に、ＴＯＢに応じなかった少数株主から、原則としてＴＯＢ価格と同額で対象会社の株式を強制的に取得できる。

他方、通貨金融法典上、少数株主は、支配株主が単独又は他の者と共同で対象会社の議決権の九五％以上を保有している場合には、ＡＭＦに対し、当該支配株主に少数株主のエグジット（退出）のためのＴＯＢを行わせるよう申し立てることができるものとされており、ＡＭＦがこの申立てを認めた場合には、支配株主は、（大雑把にいえば）公正な価格で、当該ＴＯＢを通じて、少数株主から対象会社株式を買い取らなければならないものとされている。

フランスでも、ＴＯＢに際して、公開買付者は、自らの状況、買付条件、公開買付者の目的・意図、買付け後少なくとも一二か月間における公開買付者・対象会社に関する事業上・財務上の戦略及び対象会社株式の上場の継続に関する公開買付者の意図、対象株式の保有状況等の情報を開示することが求められる。しかも、日本や米国の場合と異なり、買収後の従業員の雇用に関する公開買付者の方針（特に、利用可能なデータ及び右の事業上・財務上の戦略をもとに予想し得る従業員の構成・数の変化）も公表しなければならないものとされている。TOB期間は、TOB開始後、原則として二五営業日とされているが、AMFはTOBの申立てがされると、提出された公開買付文書と当該TOBの主要条件を公表し、その後、AMFによる審査を経て（審査期間は一〇営業日以内）、AMFの承認を受けた日から二営業日以内になされる公開買付文書の公告をもってTOBが開始される。AMFによるTOBの承認から原則として五営業日以内に、対象会社の取締役会はAMFに意見表明文書を提出すべきものとされ、意見表明文書は、AMFによる五営業日以内の審査を経て承認がなされた場合に初めて公告される。

買収防衛策と従業員の関与

なお、フランスでは、EU公開買付け指令一一条所定のブレークスルー条項はオプト・アウト（自国では不採用）されており、他方、同指令九条所定の取締役会の中立義務の条項はオプト・インされているものの、二〇〇六年三月に成立した商法典の改正により、敵対的TOBへの対抗措置として、米国のライツ・プランに類似した新株引受権（ワラント）を用いたポイズン・ピルを発行することが認められている。これは、TOB成功後に廉価を払い込むことで行使可能な新株引受権を、TOB期間満了前における全株主を対象として発行することができるとするものであって、米国のライツ・プランとほぼ同様の買収防衛策である。この新株引受権の発行には、原則として株主総会の普通決議を要するが、株主総会は、この権限を取締役会又は執行役会に委譲することができるものとされている。

もっとも、このフランス版ポイズン・ピルの発行は、ＴＯＢを失敗させる可能性のある措置であるため、原則として取締役会の中立義務の対象となる。そのため、ＴＯＢ期間中は、取締役会又は執行役会への権限の委譲は中断され、ポイズン・ピルの発行は、株主総会決議を得て行う必要がある。だが、相互主義の原則により対象会社にこの中立義務が適用されない場合には、株主総会の授権に基づき、取締役会限りでこのフランス版ポイズン・ピルを発行することができるものとされている。この場合の株主総会の授権は、ＴＯＢに先立つ一八か月間以内になされたものである必要がある。

なお、前述のとおり、フランスではＥＵ公開買付け指令一一条所定のブレークスルー条項はオプト・アウトされているものの、その一部は商法典において国内法化されている。そのため、定款による株式譲渡制限や最大議決権数の制限は、買付者との関係で効力を有しないこととされているが、議決権行使の制限や特別の役員選解任権等については、会社が定款でブレークスルーするかどうかを選択できるものとされている（会社は定款でブレークスルーしないことができる）。

以上に加えて、フランスでは、労働法典において、五〇人以上の従業員を有する会社では企業委員会を設置することとされており、会社は企業委員会の代表を取締役会（又は監査役会）に出席させなくてはならない。企業委員会の代表は、取締役会(又は監査役会)において意見を述べることができる(但し、議決権はない)。また、使用者が、企業の管理・運営、組織変更、労働条件、新技術の導入、研究開発、教育訓練などに関する重要な決定を行う場合には、それに先立って、企業委員会に情報を提供し、諮問を行う義務がある。その際、企業委員会は意見及び勧告を述べることができるものとされている。このように、フランスでは、(後述するドイツほどではないものの)従業員にも一定の会社経営への関与が保障されているが、このことが、フランスにおいて敵対的買収を一定程度抑止する効果をもたらしている可能性もあると考えられる。

(4) ドイツのTOB規制その他の企業買収をめぐる基本的な法的枠組み

ドイツにおけるTOB規制と有価証券取得・買収法

ドイツでも、二〇〇一年に成立した有価証券取得・買収法(俗に「買収法」と呼ばれることもある)において、義務的公開買付制度が採用されている。同法では、市場内取引であるか市場外取引であるかを問わず、直接・間接に、総株主の議決権の三〇%以上に相当する株式を取得する場合には、TOBによって全株式について買付けの申込みをすること及び当該申込みに応じて応募された株式全てを買い付けることが強制されている(全部勧誘・全部買付け義務)。TOBの対価として買収者の株式等を用いるエクスチェンジ・オファーも可能である。なお、ドイツにおけるTOB

についての規制・監督当局は連邦金融監督庁（「BaFin」と呼ばれる）である。

また、買収法上、支配権獲得目的でＴＯＢを行った者と義務的公開買付けを行った者は、議決権の九五％以上を取得した場合には残存する議決権株式を、出資の九五％以上を取得した場合には無議決権株式を含めた残存する全株式を、それぞれ強制的に取得できる権利であるバイアウト権（スクイーズ・アウト権）が与えられ、ＴＯＢ期間終了後三か月の期間内に、残存する少数株主から、原則としてＴＯＢ価格と同額で対象会社の株式を強制的に取得できる。このほか、ドイツでは、「株式法」においても、ＴＯＢの実施と関係なく、出資の九五％以上の株式を保有する者は、株主総会決議を経た上で、少数株主が保有する株式を強制的に取得することができるものとされている。

他方、買収法上、右のとおり、買収者が残存株式につきバイアウト権を有する場合に、ＴＯＢに応じなかった少数株主は、ＴＯＢ終了後三か月以内に限り、買収者が実施していた当初のＴＯＢに追加的に応募することができるものとされている。

ドイツでも、ＴＯＢに際して、公開買付者は、自らの概要や買付条件等を公開買付文書において開示することが求められている。しかも、日本や米国と異なり、公開買付者は、従業員に関する情報として、公開買付文書に従業員及びその雇用条件の重大な変更に関して公開買付者が有している計画を記載しなければならず、対象会社は、公開買付者から提出された公開買付文書を、原則として対象会社の事業所委員会（後述する）に対して通知しなければならないものとされている。そして、対象会社の取締役及び監査役会は、ＴＯＢに対する意見表明において、ＴＯＢが成功した場合に見込まれる労働条件等についての効果等に言及しなければならないものとされている。

ＴＯＢ期間は、ドイツでは、ＴＯＢ開始（公開買付文書の開示）後、四週間以上一〇週間以内とされており、公開買付文書又はその変更書類の受領後遅滞なく、対象会社の取締役及び監査役会はＴＯＢに対する賛否について意見表明を行うものとされている。

ブレークスルー条項のオプト・アウトと買収防衛策

ドイツは、ＥＵ公開買付け指令九条（中立義務条項）及び一一条（ブレークスルー条項）のいずれについてもオプト・アウト（自国では不採用）している。もっとも、ドイツでは、買収法上、ＴＯＢの意思表明からＴＯＢの結果公表までの間、対象会社の取締役はＴＯＢの成功を妨げる行動をとってはならないものとされている（取締役の中立義務）。他方、監査役会の同意を得た場合には、中立義務の適用は免除されるものとされており、必ずしも厳格な中立義務が課されているわけではない。また、買収法では、ＴＯＢ開始前に株主総会によって授権がなされた場合に、対象会社の取締役が買収防衛策を講じることが認められていて、取締役が、ＴＯＢ開始後に買収防衛策を講じるために株主総会を招集することも妨げられていないと解されている。

ドイツの強力な監査役会

以上に加えて、ドイツにおいては、いわゆる共同決定法に基づき、従業員数が二〇〇〇人を超える会社では、（取締役の選解任権を有するなど、ドイツの株式会社においては強力な権限を有する）監査役会の半数は、株主がその選解任に関与できない従業員代表から構成されるものとされている。このことが、クロスボーダーM&Aが活発化している近時において、ドイツに敵対的買収の抑止効果をもたらしているとの指摘もある。何故なら、共同決定法の下で、買収者は、たとえ対象会社の支配権を獲得したとしても、従業員代表の監査役を入れ替えることができないだけでなく、株式会社の取締役の選解任については監査役会の三分の二以上の賛成が必要とされているため、買収者が対象会社の経営支配権を完全に掌握するためには、TOBによってその支配権を取得するに足りる株式を取得するだけでは足りず、従業員の理解も得なければならないからである。

ちなみに、ドイツでは、一九七二年経営組織法の下で、五人以上の従業員を有する事業所を持つ全ての会社に、従業員のみによって構成される事業所委員会が設置されている。この事業所委員会が、労働時間、休暇、賃金、労災防止等の労働条件に関する事項や人事異動について、使用者による決定についての同意権を有しているだけでなく、工場・本社等の建設・移転等について使用者側と事前協議を行う権利など、強力な権限を付与されており、全体的に、従業員が企業経営にかなり関与することができる点が特徴的である。

(5) 株主提案、臨時株主総会招集請求権及び委任状争奪戦についての規律

EU諸国の全てについて、その株主提案、臨時株主総会招集請求権及び委任状争奪戦に関する規律を概観することは紙幅の関係上難しいので、ここでは特にドイツの規律につき紹介することとしたい。

ドイツでは、単独株主権としての反対動議提出権（会社側の提案と内容的に異なる議案を提出する権利）及び監査役・決算検査役選任請求権のほかに、株主には、少数株主権として、株主総会に議題を提案できる権利（議題提案権）が付与されている。その行使要件は、持分が基本資本の五％以上又は持分の価額が五〇万ユーロ（一ユーロ＝一四〇円で計算すると七〇〇〇万円）以上を三か月間以上保有することであって、日本と比較して特に厳しいわけではない。

しかし、米国と同様、株式会社では、株主総会は、法律に定められた事項を除けば業務執行に属する事項について決定をする権限がない。そのため、将来の経営方針や経営戦略、取締役の業務執行に関する事項を株主提案の議案とすることはできない（定款変更議案の形式によっても不可）。その点で、定款変更議案の形式をとれば、業務執行の範疇に属する事項についても広く株主提案

の議案とすることが可能な日本とは異なる。

なお、ドイツでは、委任状争奪戦（委任状勧誘）を行うことは適法ではあるが、委任状勧誘に関して、米国や日本にみられるような特別の法的規律は存在しない。そして、株主側には、問題となる株主総会で実際に議決権を行使できる株主の名簿を入手できる法的手段が存在しないこともあって、上場会社の株主総会で委任状争奪戦が展開されることはほとんどない。この点は、米国はもちろん、日本とも大きく異なっている。

(6) 大量保有報告規制とウルフ・パックへの対応

紙幅の関係上、ここでもＥＵ諸国の中で特にドイツの規律につき紹介することとしたい。

ドイツでは、証券取引法（ＷｐＨＧ）によって大量保有報告規制が設けられており、対象会社の議決権の三％、五％、一〇％、一五％、二〇％、二五％、三〇％、五〇％及び七五％の各ラインに株式取得によって到達した（又は株式処分によってその各ラインを下回る）場合には、四営業日以内に対象会社及び連邦金融監督庁（BaFin）に対して報告すべきものとされている。また、複数の株主が協調して行動している場合（acting in concert）には、たとえ合意の存在が認定できなくとも、それら株主が保有している議決権が合算して計算される場合がある。

また、ドイツでも、ＴＲＳを用いたステルス型の株式買集め事案が問題となったこともあり、二〇一二年二月一日から施行された改正証券取引法の下で、TRSを含む現金決済型のエクイティ・デリバティブの取得(又は処分)による潜在的な株式買集め(又は処分)に対しても、大量保有報告規制が及ぶこととなった。但し、この現金決済型のエクイティ・デリバティブの取得(又は処分)による潜在的な株式買集め(又は処分)については、一般の株式の買集め(又は処分)の場合と異なり、右の各ラインのうち、議決権の三%のラインを上回ること(又は下回ること)は報告対象から外されている。

3 日本

(1) 日本のTOB規制その他の企業買収をめぐる基本的な法的枠組み

日本では、合併その他の会社の組織再編や、新株発行、新株予約権の無償割当てを含む買収防衛策、株主提案を含む株主総会関係については会社法が規律しているが、TOBの手続面についてはもっぱら金商法が規律しており、上場会社の新株発行、新株予約権の発行及び(委任状争奪戦の際に行われる)委任状勧誘の手続面については、会社法と金商法の両方が適用される。この点では、米国と似ている。

裁判所については、日本では、東京地方裁判所と大阪地方裁判所に商事専門部(東京地裁民事第八部及び大阪地裁民事第四部）が存在するものの、知的財産権をめぐる紛争について知財高裁が設けられているのとは異なり、高裁レベルでは商事専門部は設けられていない。

わが国のTOB及び株式の市場内買付けについての規律は、米国とも、EU諸国及び英国とも大きく異なる。まず、日本では、EU諸国及び英国とは逆に、一定の例外的な場合を除いて、上場会社の株式の市場内買付けについてはTOB規制は適用されない。他方、買付け後の議決権の割合が三分の一を超えるような上場会社株式の市場外買付け（東証などの市場の外でなされる買付けを指す）には、原則としてTOB規制が強制的に適用される（強制公開買付け規制）。この点、上場会社の株式の五％超を取得する「公開買付け」を行う場合にはTOB規制が適用されるものの、「公開買付け」に該当するか否かは、SECがいわゆる八要素テストを用いて実質を踏まえて判定するという、米国の規律とも異なる。

具体的には、TOB規制が及ぶ対象は、上場会社株式の市場外買付けとされ、①六〇日間で一〇名を超える株主から市場外買付けを行う場合で、買付け後の議決権割合が五％を超える場合、②六〇日間で一〇名以下の株主から買付けを行う場合でも、買付け後の議決権割合が三分の一を超える場合、③市場内の特定売買（ToSTNeT取引）等で、買付け後の議決権割合が三分の一を超える場合、④市場内外の取引等を組み合わせた「急速な買付け」によって、買付け後の議決権割合が三分の一を超える場合、⑤第三者によるTOBが行われている最中に、既に議決権割合で三分の一超を所有している大株主が、「急速な買増し」（TOB期間中における五％超の買増し）を行う場合、のいずれかに該当すれば、TOB規制が適用されるものとされている。なお、右の④でいう「急速な買付け」とは、三か月以内に一〇％超の株式を取得する場合において、そのうち五％超が市場外取引による買付け等である場合とされている。右の③がTOB規制の対象となったのは、二〇〇五年二月、フジテレビジョン（現フジ・メディア・ホールディングス）がニッポン放送に対しTOBを実施している最中に、ライブドアがToSTNeT―1による立会外取引で、TOB手続を経ることなく、ニッポン放送株式の約三五％を取得することに成功したことがきっかけである。

また、TOBによる買付け後の議決権割合が三分の二以上となる場合（TOBによる買付けの下限が議決権割合の三分の二以上である場合）には、買付者には全部勧誘・全部買付け義務が課されている。また、右の④及び⑤がTOB規制の対象となったのは、二〇〇六年一月に、ドン・キホーテ（現・パン・パシフィック・インターナショナルホールディングス）が、市場外でオリジン東秀の株式をその創業者一族から三〇・九％まで取得した上で、敵対的TOBを行って議決権の三分の一超の取得を目指したものの、ホワイトナイトとして登場したイオンが対抗TOBに踏み切ったために当該敵対的TOBが不成立に終わり、それにもかかわらず、ドン・キホーテが（それに対して対抗TOBを実施することなく）さらに市場内取引でオリジン東秀株式を約四六％まで買い増した事件等がきっかけである。なお、このドン・キホーテ対オリジン東秀の件は、最終的には、ドン・キホーテが買い集めたオリジン東秀株式を全てイオンの対抗ＴＯＢに応募し、オリジン東秀がイオンの子会社となって、その株式が非公開化されることにより終結した。

ＴＯＢの期間は公開買付け開始公告がなされた日から二〇営業日以上六〇営業日以内とされている。ＴＯＢ条件の変更があればそのたびに一〇営業日ずつ延長が可能で、対抗ＴＯＢが行われた場合には対抗ＴＯＢの終了日まで延長可能とされているが、米国のようにＴＯＢ期間を無制限に延長し続けることはできない。なお、ＴＯＢ期間が三〇営業日未満である場合には、対象会社は、その請求によって、ＴＯＢ期間を三〇営業日まで延長させることが可能とされている。

対象会社はＴＯＢ開始から一〇営業日以内に、意見表明書の提出が義務付けられているが、同時に、対象会社は意見表明書において公開買付者に対して質問する権利が付与されている。この質問権が行使された場合には、公開買付者は、五営業日以内に対質問回答報告書を提出しなければならないものとされている。

日本では、米国などと比較して、ＴＯＢの撤回は原則として禁止され、撤回ができる場合も厳しく限定されているが、対象会社が買収防衛策を発動した場合や大規模な特別配当を実施した場合等では、例外的にＴＯＢの撤回が許されている。

(2) 第三者割当増資をめぐる判例法理の発展

なぜ第三者割当増資が防衛策として用いられているか

平成一三年(二〇〇一年)一一月商法改正によって新株予約権の制度が創設されるまでは、日本では、米国のポイズン・ピルのような、買収者の議決権(及びその経済的権利)のみを希釈化するようなタイプの買収防衛策を用いることは困難と考えられていた。そのため、それ以前は、買収防衛策としては、主として、新株を第三者割当増資の方法で友好的な第三者に大量に割り当てる手法が用いられてきた。これは、日本では、昭和二五年(一九五〇年)商法改正によって、いわゆる授権資本制度(※)が採用され、さらに昭和三〇年(一九五五年)商法改正によって株主が当然に新株引受権を持つという、それまでの規制が廃止されたため、発行済株式総数の最大四倍とされる授権枠の範囲内であれば、株主総会決議を経ることなく、取締役会決議のみでこのような第三者割当増資を実行することが可能とされていたからである。

(※)授権資本制度とは、定款に定められた、会社が発行できる株式の総数(「授権枠」と呼ばれる)の範囲内であれば、有利発行に当たる場合など例外的な場合を除き、取締役会限りで機動的に新株等の発行を行うことができるという制度である。

有利発行の問題

もっとも、第三者割当増資が、①「特に有利な発行価額」で行われるときは株主総会の特別決議が必要とされており（言い換えれば、この場合に株主総会特別決議がなく行われた第三者割当増資は法令違反として差し止めることができる）、また、②法令・定款に違反するか「著しく不公正な方法」で行われる場合には、株主は新株発行を差し止めることができるとされているため、戦後の買収防衛策をめぐる裁判例は、主として、対象会社が行った第三者割当増資が①の有利発行に当たるか、ないしは②の不公正発行に当たるか、という形で争われていた。

この点、右①の有利発行に該当するかどうかという問題（第三者に新株を発行する際の価額が「特に有利な価額」に当たるのかという問題）については、わが国の裁判所は、伝統的に、「異常な投機」によって対象会社の株価が著しく高騰している場合には、既存株主の財産的利益の中で持分価値（会社財産に対する持分割合についての価値）を重視し、理論上算定され得る当該株式の持分価値を基礎として「公正価額」（有利発行に当たらない発行価額）を算定するという立場に立っていたものと思われる。しかしながら、平成年間に入ってからは、裁判例は、対象会社の株式の持分価値よりも市場価値を重視し、株価が著しく高騰した場合でも、新株発行決議時点における株価を基礎として「公正価額」を算定するという立場に変わってきたと指摘されている。もっとも、一九九〇年代までは、買収者による対象会社の株式の買占めによって株価が高騰している場合についても、これを「異常な投機」によって株価が高騰している場合と同列に見て、買占めが始まった後の株価は対象会社の株式価値の実態を反映しないとして、そうした異常な事実の影響を受けない段階における株価を基準とすべきとする考え方がかなり強かったものと思われる（例えば、コスモポリタン対タクマ事件についての大阪地決昭和六二年一一月一八日判例時報一二九〇号一四四頁など）。

しかしながら、二〇〇三年に日本証券業協会の自主ルールが改正され、第三者割当増資の際の「発行価額は、当該増資に係る取締役会決議の直前日の価額」「に〇・九を乗じた額以上の価額であること。ただし、直近日又は直前日までの価額又は売買高の状況等を勘案し、当該決議の日から発行価額を決定するために適当な期間（最長六か月間）をさかのぼった日から当該決議の直前日までの間の平均の価額に〇・九を乗じた額以上の価額とすることができる」とされた。そのため、この改正以降は、改正後の自主ルールに従って、有利発行か否かの判断の基準日は、原則として取締役会における新株発行決議日の直前の日（発行決議直前日）とされ、買収者による株式買占め等で株価が高騰しているといった事情があるために、例外的に発行決議直前日より前の「一定の期間」における平均株価の九〇％以上を有利発行該当性の基準として用いることができる場合でも、かかる「一定の期間」は、買占め等による株価の高騰等の事情に鑑みて、発行決議直前日から「適当な期間」（最長でも六か月間が限度）を遡った期間でなければならないと考えられるようになった。

例えば、この自主ルールの改正後に下された第三次宮入バルブ事件に関する東京地決平成一六年六月一日判例時報一八七三号一五九頁は、「特ニ有利ナル発行価額」とは、「公正な発行価額よりも特に低い価額をいう」とした上で、上場会社の新株発行の場における「公正な発行価額というには、その価額が、原則として、発行価額決定直前の株価に近接していることが必要」であると判示した。そして、自主ルールには一応の合理性があるとした上で、当該事案における発行価額は、発行決議直前日の株価に〇・九を乗じた金額の約四三％、発行決議直前日から六か月前までの平均株価に〇・九を乗じた金額の約六〇％に過ぎない等として、結論的に、この事件で問題となった第三者割当増資は有利発行に該当するとして、差止めを認めた。

現状では、第三者割当増資の有利発行該当性については、おおむね右の裁判例で示された考え方に従って判断されているといえる。

不公正発行の問題（主要目的ルール）

他方、右②の不公正発行に該当するかどうかという問題については、**第四章3**で言及した秀和対いなげや＝忠実屋事件に関する東京地決平成元年七月二五日判例時報一三一七号二八頁（以下「いなげや＝忠実屋事件東京地裁決定」という）が打ち出した「主要目的ルール」という考え方が判例上確立している。この「主要目的ルール」は、第三者割当増資が行われるに至った目的のうち、対象会社の経営支配権の維持・強化の目的（経営支配権維持・強化目的）と資金調達目的のどちらが主要な目的であったかを審理した上で、個別具体的な資金調達目的が存在しており、そちらが主要な目的と判定されれば、その増資は不公正発行に当たらないが、そうでなければ不公正発行に該当するとして当該増資は差し止められる、とする考え方である。

そのため、わが国では、手許現預金等が極めて豊富な会社が敵対的買収の標的となったような場合には、第三者割当増資を買収防衛策として用いることは難しいといえる。

なお、いなげや＝忠実屋事件東京地裁決定は、①株式会社においてその支配権につき争いがある場合に、従来の株主の持株比率に重大な影響を及ぼすような数の新株が発行され、それが第三者に割り当てられる場合、その新株発行が特定の株主の持株比率を低下させ現経営陣の支配権を維持することを主要な目的としてされたものであるときには、その新株発行は不公正発行にあたるとした上で、②かかる場合のみならず、新株発行の主要な目的が現経営者の支配権維持にあるとはいえない場合であっても、その新株発行により特定の株主の持株比率が著しく低下することを認識しつつ新株発行がされた場合は、その新株発行を正当化させるだけの合理的な理由がない限り、その新株発行もまた不公正発行にあたると述べて、問題となった第三者割当増資の差止めを認めていた。

しかしながら、いなげや＝忠実屋事件東京地裁決定が挙げた右の②の点は、その後の判例では必ずしも踏襲されていない。著名な事件であるベルシステム24事件の例を見てみよう。それは次のような事件であった。ベルシステム24（現・ベルシステム24ホールディングス）は、CSK（現・SCSK）によって発行済株式総数の約四〇%を保有されていたが、CSKとの経営方針をめぐる対立から、ソフトバンクBB（現・ソフトバンク）からの事業譲受その他同社との業務提携のために約一〇〇〇億円強の資金調達が必要であるとして、日興プリンシパル・インベストメンツに対して同社が約五二%の筆頭株主となるような大規模な第三者割当増資（調達される資金額は約一〇四二億円）を行った。これに対して、CSKが本件新株発行の差止めを申し立てたが、東京地裁は、CSKによる、「特定の株主の持株比率が著しく低下することを認識しつつ新株発行がなされる場合は原則として著しく不公正な新株発行になる」とする主張を明示的に否定して、新株発行差止請求を認めず、東京高裁もかかる判断を維持した（東京地決平成一六年七月三〇日判例時報一八七四号一四三頁、東京高決平成一六年八月四日金融・商事判例一二〇一号四頁。以下、後者につき「ベルシステム24事件東京高裁決定」という）。

従来、資金調達のニーズさえあれば、問題となった第三者割当増資は不公正発行に当たらないと判断される傾向が強かったところ、ベルシステム24事件東京高裁決定を含めて最近の裁判例では、資金調達の前提となる事業計画の具体性、実現可能性及び内容的合理性や当該計画の実現のために資金調達を行うことの必要性を、詳細に認定する方向が強まっていると指摘されている。その結果、最近の裁判例では、単に資金調達のニーズがあれば不公正発行該当性を否定するという運用ではなく、資金調達のニーズに具体性や合理性があるかを精査した上で、それらがあればおおむね不公正発行該当性を否定するという運用がなされているのではないかと考えられる。

なお、ベルシステム24事件東京高裁決定については、対象会社が第三者割当増資の結果として第三者の子会社になることまで取締役会決議のみで実行できるとするのは行き過ぎだとの批判もあり、平成二六年(二〇一四年)会社法改正により、新株引受人がその子会社と合わせて総議決権の過半数を有するようなこととなる場合に、その新株発行前に議決権の一〇%以上を有する株主が反対の通知を行った場合には、原則として、株主総会の普通決議による承認が要求されることとなった(会社法二〇六条の二)。

(3) ポイズン・ピルをめぐる判例法理の発展①

ニッポン放送事件

平成一三年(二〇〇一年)一一月商法改正によって新株予約権の制度が創設され、株主割当ての方法で新株予約権を全株主に無償で割り当てることも可能となった。そのため、日本でも、新株予約権の設計を工夫することで、米国のポイズン・ピルのような、買収者の議決権(及びその経済的権利)のみを希釈化するようなタイプの買収防衛策を用いることができるようになった。

しかしながら、わが国で新株予約権を用いた買収防衛策として最初に登場したのは、第三者割当増資と同様に、行使価額が株価よりも大幅に低い新株予約権を、特定の第三者に対して大量に発行し、それによって敵対的買収の試みを挫折させようとするもの(第三章3で述べた「第三者割当型ポイズン・ピル」)であった。裁判所による司法判断がこのようなタイプの買収防衛策を起点として形成されることになったことが、わが国におけるポイズン・ピルをめぐる判例法理の発展に影を落とすことになったように思われる。

すなわち、**第三章3**で述べたニッポン放送事件における司法判断がそれである。この件で、ニッポン放送は、同社株式の約四二%を取得して同社の敵対的買収を図るライブドアに対抗して、フジテレビに対して資金調達目的で大量の新株予約権を時価発行する第三者割当型ポイズン・ピルを取締役会限りで導入したが、ニッポン放送事件東京高裁決定は、基本的に、第三者割当増資の適法性を判断する際の不公正発行該当性の判断枠組みを踏襲してその適法性を判断し、新株予約権の発行を差し止めた。

具体的には、同決定は、「会社の経営支配権に現に争いが生じている場面において、株式の敵対的買収によって経営支配権を争う特定の株主の持株比率を低下させ、現経営者又はこれを支持し事実上の影響力を及ぼしている特定の株主の経営支配権を維持・確保することを主要な目的として新株予約権の発行がされた場合には、原則として……『著シク不公正ナル方法』による新株予約権の発行に該当する」とした上で、「もっとも、経営支配権の維持・確保を主要な目的とする新株予約権発行が許されないのは、取締役は会社の所有者たる株主の信認に基礎を置くものであるから、株主全体の利益の保護という観点から新株予約権の発行を正当化する特段の事情がある場合には、例外的に、経営支配権の維持・確保を主要な目的とする発行も不公正発行に該当しないと解すべき」として、「敵対的買収者が真摯に合理的な経営を目指すものではなく、敵対的買収者による支配権取得が会社に回復し難い損害をもたらす事情があることを会社が疎明、立証した」という例外的な場合を除いて、取締役会限りで買収防衛策を発動することは許されないと述べた。

なお、同決定では、この件でのニッポン放送によるフジテレビに対する新株予約権の第三者割当発行には基本的に資金調達目的はなかったと認定されているため、同決定では、第三者割当増資の適法性判断に関して従来形成されてきた主要目的ルールの枠組みを流用して、資金調達目的の代わりに、「敵対的買収者が真摯に合理的な経営を目指すものではなく、敵対的買収者による支配権取得が会社に回復し難い損害をもたらす事情」、具体的には、ニッポン放送事件高裁四類型に該当するといった事情があれば、取締役会限りでの買収防衛策の発動も認められるものと考えられていると理解できる。

ちなみに、ニッポン放送事件高裁四類型(第一章4参照)とは、①買収者がグリーンメイラーである場合、②買収者が対象会社の知的財産や顧客等を収奪するための手段として買収を仕掛ける場合、③敵対的ＬＢＯの場合、及び④解体型買収の場合の四つであり、いずれも米国において一九八〇年代に問題性の高い敵対的買収の類型として指摘されていたものである。

和解し，記者会見するフジテレビとライブドア（2005年4月18日）．

株主の意思を重視する方向へ

ニッポン放送事件の事案は、単に買収者（ライブドア）の持株割合を希釈化する（持株割合は約四二％から約一七％に低下）するだけでなく、全て行使されればそれによって取得される株式数だけで約五九％にも達する大量の新株予約権をフジテレビに割り当て、事実上ニッポン放送をフジテレビの子会社化するという極めて強力な第三者割当型ポイズン・ピル（経営支配権者をフジテレビに確定するという意味ではロックアップ型ポイズン・ピルといえる）の発動を、取締役会限りで決定することが許されるか否かが問題となったケースであった。従って、第三者割当型ポイズン・ピルではなく、米国のポイズン・ピル（ライツ・プラン）のように、買収者の議決権（及びその経済的権利）は希釈化されるが、それと同時に圧倒的な大株主が新たに登場することはないタイプのポイズン・ピル（全株主割当型ポイズン・ピル）については、たとえそれが取締役会限りで導入・発動されるものであったとしても、必ずしも、ニッポン放送事件東京高裁決定のように、その適法性を厳しく判断しない、という途もあり得た。

しかしながら、ニッポン放送事件東京高裁決定が、その傍論で、「取締役の選任・解任は株主総会の専決事項であ」る以上、「被選任者たる取締役に、選任者たる株主構成の変更を主要な目的とする新株等の発行をすることを一般的に許容することは、商法が機関権限の分配を定めた法意に明らかに反する」と述べたこと等を契機として、ポイズン・ピルをめぐるわが国の実務及び判例は、(ポイズン・ピルの導入・発動は「所有と経営との分離」の下で経営を担う取締役会に専決的な決定権限があるとされる米国の状況とは大きく異なり)第三者割当型ポイズン・ピルと全株主割当型ポイズン・ピルとを特に区別することなく、それが株主の意思に基づいたものといえるか(言い換えれば、株主総会決議に基づいているか)という点を非常に重視する方向で、進化を遂げていくこととなった。

ニレコ事件

わが国で初めて全株主割当型ポイズン・ピルが導入された前述のニレコのケースでは、その導入時における株主に対して、株主割当ての方法によって、取締役会決議に基づき、買収者だけは行使できないとする差別的行使条件が付された新株予約権が無償で(実際に)発行された。これに対して、東京高裁は、取締役には「株主に対しいわれのない不利益を与えないようにすべき責務」があるとした上で、新株予約権の割当基準日(正確には権利落ち日)後に同社の株式を取得した株主は、新株予約権の割当てが受けられないため、敵対的買収が現実化して新株予約権の行使条件が成就した場合には、買収者と共にその持株が希釈化することになるとの潜在的危険を負担し続けることになるが、かかる不利益はそれら株主にとっていわれのない不利益である等とした。そして、同社の全株主割当型ポイズン・ピルの発行は不公正発行に当たると結論付け、その差止めを認めた(東京高決平成一七年六月一五日金融・商事判例一二一九号八頁)。

そこで、実際に敵対的買収が現実化するまでの間は、新株予約権の発行等がなされず、権利落ち日後に対象会社の株式を取得した株主が希釈化の潜在的危険を負わないような全株主割当型ポイズン・ピルの設計が模索されることになった。たとえば、かつてのわが国のＴＯＢ規制では、株式分割がなされてもＴＯＢ価格の下方修正ができないとされていたことを利用して、一時は、敵対的ＴＯＢがなされた場合に株式分割を対抗措置として用いるタイプの防衛策(※)が登場するなどした。

(※)当時のわが国のＴＯＢ規制では、ＴＯＢ期間中に株式分割がなされても、ＴＯＢ価格の引き下げができないとされていた。その結果、株価千円の株式一株が二株に分割され、一株当たりの実質的な価値が半分(五百円)になっても、公開買付者としては、その株式を一株当たり千円で買い取る義務を負うこととなって莫大な損失を被る状況であった。そのことを利用したのが、この「株式分割を対抗措置として用いる」タイプの防衛策である。

しかしながら、その後、TOB規制の改正によって株式分割がなされた場合には分割比率に応じてTOB価格の引き下げができることになって、株式分割が対抗措置として機能しなくなった。それに伴い、二〇〇五年から、事前警告型防衛策という新たなタイプの全株主割当型ポイズン・ピルが買収防衛策として用いられるようになった。このタイプの買収防衛策は、二〇〇五年四月二八日に松下電器産業(現・パナソニック ホールディングス)によって導入されたものが事実上初ではないかと思われる。

事前警告型防衛策

事前警告型防衛策とは何か。大雑把にいうと、①経営支配権の取得に関連する十分な情報提供や熟慮の機会を確保する法規制の不備から生ずる強圧性の故に、その利益を害されるおそれのある株主を適切に保護し、その利益を守るため、取締役会が、買収その他の対象会社株式の大規模買付行為等を企図する者(買収者)に一定の情報の提供と熟慮期間の設定を要請する開示・手続ルール(大規模買付ルール)を設ける、②それに対する違反があった場合や、買収者が当該ルールを遵守した場合でも、提供を受けた情報等に基づいて買収者による大規模買付行為等が対象会社の企業価値ないし株主共同の利益を毀損すると判断される場合には、独立社外役員から成る特別委員会(独立委員会)の勧告等に基づいて、取締役会が対抗措置を講じることができる、との方針(プラン)を、事前に開示しておくタイプの買収防衛策である。

このタイプの防衛策では、当該方針の導入につき、株主総会で普通決議による承認を得ておくことが通常である。また、基本的には、差別的行使条件・取得条項付きの新株予約権の無償割当てを対抗措置として用いることが想定されているため、ポイズン・ピルの種類としては、全株主割当型ポイズン・ピルに分類される。そして、株主意思の尊重の観点から、二年ないし三年間の有効期間が設けられ、当該期間が経過するごとに、株主総会でその更新につき普通決議で承認を得るべきものとされている。このタイプの防衛策の適法性は、夢真ホールディングス(現・オープンアップグループ。以下「夢真」という)対日本技術開発(現・エイト日本技術開発)事件において、初めて裁判所において争われることになった。この事件では、夢真側が市場内で日本技術開発の株式を買い上がり、TOBの実施が想定される状況の中で、日本技術開発が二〇〇五年七月八日に導入した防衛策(但し、対抗措置としては株式分割が用いられていた)の適法性が問題となったが、東京地決平成一七年七月二九日判例時報一九〇九号八七頁は、経営支配権争奪状況がある場合には、現経営陣と買収者のいずれに経営を委ねるべきかの判断は株主によってされるべきであるところ、取締役会において、買収者に対し事業計画の提案と検討期間の設定を求め、買収者と協議してその事業計画の検討を行い、取締役会としての意見を表明するとともに株主に対し代替案を提示することは、提出を求める資料の内容と検討期間が合理的なものである限り、取締役会の権限濫用とはいえないと述べた。そして、合理的な要求に応じない買収者に対しては、株主全体の利益保護の観点から相当な対抗手段をとることが許容される場合もあるとして、日本技術開発が導入した防衛策及び対抗措置として用いられた株式分割は適法であると判断した。その結果、日本技術開発が導入した買収防衛策は、「半」有事の状況で導入されたものではあったものの、同様のコンセプトに基づく平時導入型買収防衛策である事前警告型防衛策が急速に普及することになった。

このような特徴を持つ事前警告型防衛策は、①その導入・更新の際に株主総会の普通決議による承認を要求することで株主意思尊重の原則を満たし、かつ、②新株予約権の無償割当てが実際に行われるのは敵対的買収が現実化した際まで先送りされているため、ニレコ型の全株主割当型ポイズン・ピルが抱えていた、権利落ち日後に対象会社の株式を取得した株主が希釈化の潜在的危険を負わされるとの問題点も克服したものとして、実務で広く受け入れられ、一時は三五〇〇社超のわが国上場会社(正確には二〇一三年末で三四一七社、二〇二二年六月一九日現在で三八八六社)のうち六〇〇社弱が導入するに至っていた。

なお、株主総会での普通決議によりその導入・更新が承認された事前警告型防衛策については、フリージア・マクロス対日邦産業事件名古屋高裁決定(名古屋高決令和三年四月二二日資料版商事法務四四六号一三〇頁)でも、所定の大規模買付ルールに違反して開始されたＴＯＢに対して、対象会社がその取締役会決議に基づく差別的行使条件・取得条項付きの新株予約権の無償割当てをもって対抗することが、適法と判断されている。

(4) ポイズン・ピルをめぐる判例法理の発展②

ブルドックソース事件

以上で述べたとおり、二〇〇五年以降、わが国では、事前警告型防衛策が買収防衛策の主流を占めるようになったが、二〇〇七年、ＴＯＢが開始されてから(つまりは有事になってから)全株主割当型ポイズン・ピルを導入し、対抗措置を発動した事例が現われた。これがブルドックソース事件である。この事件では、スティール・パートナーズが、二〇〇七年五月にブルドックソースに対して全部買付ＴＯＢを仕掛け、これに対して、同社が同年六月の定時株主総会に、新株予約権無償割当てを決定する権限を株主総会にも付与する定款変更議案と共に、特別決議をもって差別的行使条件・取得条項付きの新株予約権の無償割当てを付議し、出席株主の総議決権数の約八八・七％の賛成で両議案が可決された。

これに対して、スティール・パートナーズ側がその無償割当ての差止めを申し立てたが、最高裁（最決平成一九年八月七日民集六一巻五号二二一五頁）は、ニッポン放送事件東京高裁決定の判断枠組みとは異なり、差別的行使条件・取得条項付きの新株予約権の無償割当て（対抗措置の発動）が、①株主平等原則の趣旨に反しないか、さらに②不公正発行に該当しないかを、それぞれ必要性（企業価値毀損のおそれがあるか）及び相当性（対抗措置が相当の範囲内といえるか）という二つの基準を用いて判断し、いずれの基準もクリアされる場合には、対抗措置の発動は適法であるとする、という判断枠組みを示した。

そして、右の①の点に関しては、必要性の要件、すなわち、企業価値の毀損があるか否かについては、会社の利益帰属主体である株主自身により判断されるべきものであるところ、株主総会の手続が適正を欠くものであったとか、判断の前提とされた事実が実際には存在しなかったり、虚偽であったなど、判断の正当性を失わせるような重大な瑕疵が存在しない限り、当該判断が尊重されるべきであるとした。その上で、株主総会で出席株主の総議決権数の約八八・七％の賛成で両議案が可決されている以上、この要件はクリアされているとした。

相当性の要件についても、この事案では、スティール・パートナーズは割り当てられた新株予約権を強制取得される対価として、自らが提示したTOB価格に基づいて算出された金銭での補償を受けるものとされていたことを理由に、同じくクリアされていると判断した。

その上で、右の②の点については、本件新株予約権無償割当てが株主平等の原則から見て著しく不公正な方法によるものといえないことは、以上で述べたところから明らかであるとして、右の無償割当てが不公正発行に当たることも否定して、本件の差別的行使条件・取得条項付きの新株予約権の無償割当て(対抗措置の発動)は適法であると結論づけた。

このブルドックソース事件最高裁決定は、買収防衛策の適法性を必要性と相当性の両面から検討して判断したものであって、おおむね米国のユノカル事件判決の判断枠組みを踏襲したものであったが、必要性については株主総会で圧倒的多数の株主が買収防衛策の導入・発動に賛成したことを重視し、相当性については、買収者であるスティール・パートナーズに金銭による補償が支払われたことを重視する点に特徴があった。しかしながら、特にこの後者の点は、グリーンメイリングを助長しかねないとして、米国等から強い批判の対象となり、二〇〇八年に取りまとめられた企業価値研究会第三次報告書において、買収防衛策の発動に際して買収者に経済的補償として金銭を交付することは望ましくないとの考え方が示されたことは、**第三章3**で述べたとおりである。

事前警告型防衛策の退潮

その後、二〇〇八年末に事前警告型防衛策の導入企業数が五六〇社を超えてピークを迎えたが、同年九月のリーマン・ショックの影響で、アクティビスト・ファンドの活動が低調となったこともあって、わが国では、買収防衛策についての目立った裁判例はしばらく登場しなかった。

しかしながら、二〇一四年にスチュワードシップ・コードが導入されて、特に国内機関投資家が、議決権行使に関する説明責任の観点から次第に買収防衛策に対して厳しい眼を向けるようになり、さらに一七年に同コードが改訂され、個別の議決権行使結果の開示が求められるようになった。そのため、特に事前警告型防衛策の導入・承認議案については国内機関投資家が厳格な姿勢をとるようになった。加えて、一五年のコーポレートガバナンス・コードの策定や一八年におけるその改訂等で政策保有株式の縮減が強く打ち出されたことで、日本企業の株式持ち合いは急速に解消の方向に向かうことになり、事前警告型防衛策の導入・更新議案が株主総会を通りにくくなった。その結果、事前警告型防衛策の導入企業数は〇九年以降漸減している。

他方、リーマン・ショック後の世界的な大規模金融緩和で世界的にカネ余りの状態となり、資金が大量に流入したアクティビスト・ファンドの活動は、二〇一〇年以降、年々活発化の度合いを強めていった。

その結果、特に二〇一九年以降は、わが国でもアクティビスト・ファンドを中心に、事業会社も加わって、再び敵対的買収の試みが増加するようになった。

アップデートされた有事導入型防衛策(東芝機械型)

このような状況を受けて、従来の事前警告型防衛策に代わって、(企業価値研究会第三次報告書を踏まえてブルドックソース事件で用いられた有事導入型防衛策を改良した)新たな全株主割当型のポイズン・ピルを用いた有事導入型防衛策が登場するに至った。それが、二〇二〇年一月に、CI11(株式会社シティインデックスイレブンス)による敵対的TOBに直面した東芝機械(現・芝浦機械)が導入した有事導入型防衛策である。

その特徴は、①基本的に特定の買収者を念頭に置いた上で(特定標的型)、②当該買収者に対して、TOB期間の末日ないし二〇%以上の株式の市場内買付けの実行を、株主意思確認総会の後に設定又は行うように求めた上で、一定の情報の提供を要請するが、③そのような手続に従わなかった場合には取締役会限りで対抗措置を発動するものとする一方で、④手続を遵守した場合には、株主意思確認総会において普通決議による承認が得られなければ、対抗措置の発動を行わないとする点にある。

また、⑤対抗措置としても、差別的行使条件・取得条項付きの新株予約権の無償割当てが用いられているものの、買収者とその関係者に対しては、当初割り当てた新株予約権(第一新株予約権)を強制取得した対価として第二新株予約権が交付されるものとされ、その第二新株予約権は、買収者とその関係者が持株割合を二〇%未満に引き下げれば、持株割合が二〇%に達するまでであれば、それを行使して株式を取得することが認められている。これによって、新株予約権無償割当ての後、買収者とその関係者においては、割り当てられた第一新株予約権は直ちに第二新株予約権(当然ながら議決権はない)となり、それ以外の一般株主においては割り当てられた第一新株予約権は直ちに対象会社の議決権株式となるため、買収者とその関係者の議決権は希釈化されることになる。その一方で、買収者とその関係者も、その持株を市場で売却する等して、その持株割合の合計が二〇%を下回れば、その範囲で第二新株予約権を行使できるので、最終的には第二新株予約権を全て行使して、経済的損失を基本的に回避することが可能である。

前述のとおり、近年、スチュワードシップ・コードの影響等で、機関投資家は事前警告型防衛策の導入・更新に厳しい姿勢をとるようになっているにもかかわらず、対抗措置の発動の是非を事実上機関投資家が左右することになる、この新しい有事導入型防衛策が、買収防衛策として機能し得るのはどうしてであろうか。それは以下のように説明できる。

すなわち、機関投資家から見て、事前警告型防衛策は、導入・更新時には株主総会の承認を経るものの、次の更新までの期間は取締役会に対抗措置の発動の是非を任せてしまうもの(選挙で選ばれた代議士が国政を運営する間接民主制に類似している)であって、取締役会を信頼できなければその導入・更新に賛成しにくいものである。ところが、この有事導入型防衛策は、買収者による大規模買付行為等の是非を、基本的には株主が直接決定できる(国民投票によって特定の政策の是非を決定する直接民主制に類似している)ため、取締役会が暴走するという懸念がない。この点が機関投資家にとって支持しやすいのであろう。そのため、東芝機械は、二〇一九年六月の定時株主総会において、(恐らくは)機関投資家株主による更新議案への賛成が不透明であること等をも理由として事前警告型防衛策の更新を行わなかった(廃止した)にもかかわらず、二〇二〇年三月の臨時株主総会(株主意思確認総会)では、右の有事導入型防衛策の導入・発動に約六二%の賛成を得ることに成功し、最終的にCＩ11の敵対的ＴＯＢを撤回に追い込むことに成功したものと考えられる。

この新しい有事導入型防衛策は、東芝機械の事案では裁判所に持ち込まれなかったが、二〇二一年には複数の事案で裁判所に持ち込まれることとなった。すなわち、CＩ11対日本アジア事件(東京高決令和三年四月二三日資料版商事法務四四六号一五四頁)、アスリード対富士興産事件(東京高決令和三年八月一〇日資料版商事法務四五〇号一四三頁)、及びアジア開発キャピタル対東京機械製作所事件(東京高決令和三年一一月九日資料版商事法務四五三号九八頁、最決令和三年一一月一八日資料版商事法務四五三号九四頁)の三件である。

これまでの司法判断から何が読み取れるか

これら三件のケースにおける(右で述べた新しい)有事導入型防衛策の発動の是非をめぐる裁判所の判断をまとめると、おおむね以下のとおりとなる。まず、①有事の際に、株主総会において(事後的な追認でもよいので)普通決議さえ取得できれば、基本的にはこの防衛策の下で対抗措置の

買収防衛策を可決した東京機械製作所の臨時株主総会（2021年10月22日）

発動が認められる可能性が高いといえる。これは、アスリード対富士興産事件東京高裁決定において、全部買付ＴＯＢに対しても、対象会社の株主意思確認総会で、普通決議により対抗措置の発動が承認されたことを主な理由として、この防衛策所定の対抗措置の発動が適法とされ、株主総会において特別決議をもって承認されることまでは不要と明言されたことから、ほぼそのように解し得るであろう。

他方、②有事に際して、事後的にでも株主総会で対抗措置の発動について賛否を問うことが予定されておらず、対抗措置の発動が取締役会限りで決定されただけであれば、ニッポン放送事件東京高裁決定が提示した例外四類型に該当する等の「特段の事情」が疎明されない限り、基本的にはこの防衛策の下で対抗措置の発動が認められる可能性は低いといえる。これは、ＣＩ11対日本アジア事件東京高裁決定において、ＣＩ11が、第一次ＴＯＢが不成立に終わった後で急速な市場内買付けを行い、その後、持株割合が三分の一を超える場合には全部買付ＴＯＢを行うことを対外的に宣言していた事案につき、対抗措置の発動につき株主総会で賛否を問うことが予定されていなかったことを主な理由として、その発動が不適法とされたことから、ほぼそのように解し得るであろう。

また、③少なくとも市場内での短期間における急速な大量買い上がりに対しては、事後的に、株主意思確認総会において、買収者を除いた出席株主の総議決権数の過半数(いわゆるマジョリティ・オブ・マイノリティ)の賛同が得られれば、対抗措置の発動が認められる可能性がかなり高いといえる。これは、アジア開発キャピタル対東京機械製作所事件東京高裁決定が、右のような事案で結論的に対抗措置の発動を適法と認めており、最高裁もその判断を正当として是認していることから、そのように解し得るであろう。

最後に、これら三件の裁判例を通じて、④第三者割当増資の不公正発行該当性に関する裁判例の下で形成されてきた、「経営支配権争奪状況」があれば、それだけで直ちに不公正発行に該当するという考え方は克服され、少なくともアップデート版(東芝機械型)の有事導入型防衛策の発動の是非をめぐる判断との関係では、取締役会限りで対抗措置が発動される場合でも、事後的に株主の意思を問う機会が設けられていれば、たとえ「経営支配権争奪状況」があったと認められる場合でも、それだけでは直ちに対抗措置(差別的行使条件・取得条項付き新株予約権無償割当て)が不公正発行に該当しないことは、判例としてほぼ固まったものといえよう。

日本の判例の特徴

二〇二一年に下されたこれら三件の事件についての司法判断からは、わが国の裁判所が――少なくとも決定文に表れている表現の上では――、実質判断（すなわち、問題となった買収者による大規模買付行為等が対象会社の企業価値を毀損するおそれがあるか否かの判断）に踏み込むことをできる限り回避する傾向が顕著である。そして、株主意思確認総会で対抗措置の発動につき少なくとも普通決議（場合によっては、いわゆるマジョリティ・オブ・マイノリティ決議）の賛成さえ得られれば、そのような株主の判断を尊重し、それをもって企業価値の毀損のおそれがあるとして、右で述べたアップデート版の有事導入型買収防衛策の発動を適法と判断する傾向が強いことが窺える。このことは、裏を返せば、ニッポン放送事件東京高裁決定以来、一般に漠然と理解されていることとは異なり、少なくとも、近時の裁判例の主流的傾向から読み取れる限り、買収者が「濫用的買収者」であるかどうかは実は（少なくとも表面上は）それほど重視されておらず、「濫用的買収者」に該当するとは考えにくいようなストラテジック・バイヤーに対しても、有事に際して、株主意思確認総会において普通決議による賛同さえ得られれば、アップデート版の有事導入型防衛策に基づく対抗措置の発動が適法と認められる可能性が高いように思われる。

このように、ニッポン放送事件東京高裁決定を契機として、わが国の判例は、米国デラウェア州の判例とは異なり、買収防衛策の発動の是非につき、（独立社外取締役が多数を占める）取締役会の判断ではなく、株主総会の判断を重視する方向に進んでいるように思われる。この点は、買収防衛策をめぐるわが国の判例の大きな特徴であるといえよう。

(5) 株主提案、臨時株主総会招集請求権及び委任状争奪戦についての規律

意外に思われるかもしれないが、わが国では、米国やドイツとは異なり、少数株主権が非常に強い。例えば、株主提案権を行使するための要件も、東証をはじめとする全国の証券取引所が二〇一八年一〇月に株式取引における最低売買単位(単元株式数)を一〇〇株に統一したことで、現在では、上場会社では三万株(議決権の一%相当の株式数がそれよりも少ない場合には一%相当の株式)以上を六か月間保有するだけでよく、定款変更議案の形式をとれば、本来的には取締役会の権限に属するはずの業務執行の意思決定(経営)の範疇に属する事項についても、株主提案として議案を提出できる。従って、米国やドイツでは不可能な、資本コストの開示を定款で義務付ける議案や、政策保有株式の売却を定款で義務付ける議案なども、株主提案によって提出することが可能である。また、一回の定時株主総会において提案できる株主提案の議案数も、原則として一〇個(役員の選解任議案等は対象となる役員の数にかかわらず一個と数える前提)までと、比較的多い。

臨時株主総会の招集請求についても、米国のデラウェア州のように定款で株主の臨時株主総会招集請求権を制限することはできず、招集請求権の行使要件も、議決権の三%以上に当たる株式

を六か月間保有すればよいものとされており、相対的に緩やかである(例えば、英国では議決権割合一〇%以上が要件である)。また、定款変更議案の形式をとれば、本来的には取締役会の権限に属するはずの業務執行の範疇に属する事項についても、臨時株主総会の議題とすることや議案を提出することができる。

そのため、わが国では、特に二〇一九年以降、アクティビストが、臨時株主総会の招集請求を行う事例がかなり増えている(サン電子、ヨロズ、東京ドーム、東芝、富士ソフト、フジテック、日本証券金融など)。株主提案についても、アクティビストが、取締役の選解任議案に限らず、多彩な議案を定時株主総会に提出して、対象会社を揺さぶっている。

なお、委任状争奪戦に関していえば、わが国でも、上場会社については、米国と同様、証券法である金商法によって規律されているものの、現在までのところは、米国と異なり、虚偽記載のある委任状勧誘書類等を用いて委任状勧誘が行われた場合に、勧誘者を監督当局が金商法違反として立件した事例は見当たらない。この点で、そのような場合に勧誘者にSECが制裁金を課した事例が多数存在する米国とは状況が大きく異なる。前述したとおり、わが国では、諸外国と比較して相対的に株主総会の権限が及ぶ範囲が広く、アクティビストが用いることができる少数株主権も相対的に強力であるため、今後、我が国でも委任状争奪戦の件数が大きく増加していくものと思われる。そうであるとすれば、わが国でも、虚偽記載のある委任状勧誘書類等が用いられた場合に監督当局が迅速に制裁を課すことで、委任状争奪戦が公正な形で行われることを確保していく必要性が高まると考えられる。

(6) 大量保有報告規制とウルフ・パックへの対応

日本では、金商法によって大量保有報告規制が設けられており、大雑把にいって、対象会社の潜在株式を含めた持株割合(正確には「株券等保有割合」)の五%超を保有することになった場合に五営業日以内に大量保有報告書の提出が要求され、その提出者に対して、その後、持株割合が一%以上増減した場合や、保有目的や重要提案行為等の有無などの記載事項に変更があった場合には、五営業日以内に変更報告書の提出が必要とされている。大量保有報告書等の提出先は、保有者の本店所在地等を管轄する財務局(海外の保有者の場合には関東財務局)であるが、具体的な提出方法としては電子開示システム(EDINET)を用いるものとされている。

保有割合が合算されるのは、①共同して株式等を取得し、譲渡し又は議決権の行使等を行うことを合意している者(実質共同保有者)と、②夫婦関係、支配株主(五〇%超の議決権を有している者)と被支配会社との関係又は支配株主を同じくする被支配会社同士の関係等にある者(みなし共同保有者)である。このうち①については「合意」の存在が要件とされており、ドイツ等のように、合意がなくとも協調して行動している場合には共同保有者としてグルーピングされるものとはされていない。

また、日本でも、米国でTRSを用いたステルス型の株式買集め事案が問題となったこと等を受けて、二〇一〇年三月に金融庁が公表した「株券等の大量保有報告に関するQ&A」において、少なくともダイレクト・マーケット・アクセス型(証券会社に売買を委託せず、トレーダーが取引所に直接注文を出すタイプ)のTRSのロングポジション(買い持ちポジション)の保有者については大量保有報告規制の対象となることが明確化されるに至った。しかし、非ダイレクト・マーケット・アクセス型(証券会社に売買を委託するタイプ)のTRSのロングポジション(買い持ちポジション)の保有者については、取引終了時に原資産である株式の交付により決済がされることも想定されているなど、そのロングポジション(買い持ちポジション)の保有者にとって、相手方(売り持ちポジションの保有者)が原資産である株式を保有することが前提となっているような場合に限って大量保有報告規制の対象となるものとされており、この点で、1で述べた米国の二〇二二年SEC規則改正案よりも、やや対象が狭くなっている。

コラム⑥ TOBに応募する方法

株式を市場で売却するには、売却しようとする株式を保有している証券口座を開設している証券会社に、株式の売却注文を出せばよいが、TOBに応募して株式を売却しようとする場合には、もう少し手続が複雑になる。すなわち、TOBの対象とされている株式を保有している株主が、TOBに応募してその株式を売却しようとする場合には、必ず、公開買付代理人に指定されている証券会社Xに自ら証券口座を開設する必要がある。その上で、現在TOBの対象とされている株式を保有している証券会社Yの証券口座から、その株式を、公開買付代理人Xの証券口座に移管して、TOBに応募することになる。

このように、TOBに応募して株式を売却する場合には、市場で株式を売却する場合と比較して若干の手間がかかるため、個人株主などは、株価がTOB価格に近い価格まで高騰したところで、対象会社の株式を市場で売却してしまうことが多い。そうすると、TOBへの応募が集まらず、TOBは成立しなくなってしまうようにも思われるが、個人株主がTOB価格より若干安い価格で市場において売却した株式は、ヘッジファンドなどが市場で買い集め、それら買い集めた株式をTOBに応募して売却し、鞘取りをすることが一般的である。そのため、個人株主が市場で対象会社の株式を売却したからといって、TOBが不成立となることはない。市場とはうまくできたものである。

コラム⑦　フロランジュ法と二倍議決権制度

一部の欧州諸国では、株主による行き過ぎた短期的利益の追求が会社経営に悪影響を及ぼすことを抑止するため、株式の保有期間が一定期間以上となった場合に、議決権の数が倍になる制度(二倍議決権制度)が導入されている。このように、その長期保有者について議決権を加算するような株式は(特に欧州では)「Loyalty Share」と呼ばれる。また、そのようにして加算される議決権(制度)をTenure Voting (system)であるとかTime Phased Voting (system)と呼ぶこともある。

例えば、フランスでは、一九三三年以来、大雑把にいって、定款に規定を設ければ、二年以上記名株式を保有する株主の保有する株式につき議決権を二倍にするという内容の二倍議決権制度が存在しており、実際、後述するフロランジュ法による商法典の改正前の時点で、ダノン、アクサ、アルカテル・ルーセント、トタルなど、多くの上場会社(フランスの代表的な株価指数であるCAC40への採用企業四〇社のうち、全体の約六〇%にあたる二二社)において、定款により、二年(ないし四年)以上株式を保有する者に二倍議決権を付与していた(オプト・インによる二倍議決権)。例えば、二〇二一年に、フィアット・クライスラー・オートモービルズとプジョーとが合併してステランティスが設立されているが、プジョーの前身であるプジョー・シトロエン・

グループ(PSA)は、二〇一四年に中国の東風汽車の資本を受け入れるまでは、二倍議決権制度の下で、プジョー創業家が二五・三%の持株比率で議決権の三七・九%を有していたところである。

このような中で、二〇一五年にフロランジュ法が成立して商法典が改正され、上場会社については、株主総会の特別決議をもって一株一議決権原則を定款に明記しない限り、二年以上株式を保有する者には自動的に二倍議決権が付与されることになった。つまり、定款変更でオプト・アウトしない限り、二倍議決権制度が上場会社に自動的に適用されることとなった。その結果、例えば、ルノー及びエールフランス＝KLMでは、二倍議決権制度の下でフランス政府が持株割合よりも高い議決権割合を保持している。

また、イタリアでも、二〇一四年以降、統一財務法の下で、上場会社について、定款に基づき、二年以上株式を保有する者に最大で二倍の議決権を付与することができる二倍議決権制度が導入されるに至った(もっとも、シャーク・リペラントその他のTOBへの対抗措置の採用を株主総会で決議する際には、二倍議決権株式も、通常と同様の議決権しか有しないものとされる)。

欧州諸国以外でも、米国では、現在でもアフラックやJ. M. Smuckerなど四社(既に廃止した会社を含めると累積で一二社)の上場会社がこのTenure Votingを採用しており、アフラックの場合には、定款で、株主は原則として一株につき一個の議決権を有するが、四年以上保有するとその議決権の数は一〇倍になると定められている。ちなみに、デラウェア州最高裁は、一九九六年に、Tenure Votingを採用するための定款変更を適法と判断している(Williams v. Geier, 671 A. 2d 1368(1996))。

アクティビスト・ファンドをはじめとする一部株主による行き過ぎた短期的利益の追求に歯止めをかけるため、わが国でも、このような制度を導入することは検討に値するであろう。

第六章　敵対的買収と株主アクティビズムの将来

1　株主資本主義とステークホルダー資本主義

リーマン・ショック後における世界的な大規模金融緩和によるカネ余りと経済のグローバル化を背景として、グローバル資本主義（金融資本主義）の隆盛が極限にまで達した結果、近年、その副作用ともいうべき「格差」の問題が世界的にクローズアップされるようになり、グローバル資本主義の行き過ぎを見直す動きが広がってきた。例えば、トマ・ピケティは、二〇一三年に出版され、世界的なベストセラーとなった『二一世紀の資本』等で、トップ一％の富裕層への富の集中が米国を中心として世界的に進行しているが、このような極端な格差の拡大は、「資本からの利益率（r）＞経済成長率（g）」という不等式で表されるように、資本主義そのものに内在する論理に基づいているとの主張を展開している。

このような中で、英国の国民投票でブレグジット（EUからの離脱）が決定され（二〇一六年）、トランプ政権が誕生する（二〇一七年）など、潮目の変化が鮮明になってきた二〇一〇年代後半から、コーポレート・ガバナンスをめぐる議論においても、従来の主流であった株主資本主義（企業経営は株主の利益を最大化すべきとする考え方）に代わって、ステークホルダー資本主義（企業は株主への貢献を第一として利益を追い求めるのではなく、企業活動に影響する全てのステークホルダーに貢献すべきだという考え方）を強調する流れが強まっている。

(1) 米国における「株主ファースト」からの軌道修正

ステークホルダー資本主義の考え方は、ドイツや北欧諸国を中心に、共同決定法などが存在し、従業員や取引先、会社の工場等が所在する地域コミュニティなどステークホルダーの利益を重視する傾向が強かった欧州では従来から根強かったが、資本主義の総本山である米国では、伝統的に株主資本主義の考え方が圧倒的に優勢であった。シカゴ学派の代表であるミルトン・フリードマンが、一九七〇年にニューヨーク・タイムズ紙への寄稿で、「企業の社会的責任は利益を増やすことにある」と断言したのはその象徴である。

しかしながら、格差問題の深刻化に伴って、米国でも、従来の「株主ファースト」からの軌道修正を図る動きが表面化している。そのことを象徴するのが、二〇一九年八月に、アップルやウォルマートなど米国の主要企業が名を連ねる財界ロビー団体である「ビジネス・ラウンドテーブル」が公表した、「企業の目的に関する声明」と題する公開書簡である。この公開書簡では、企業が説明責任を負う相手は、顧客、従業員、サプライヤー、コミュニティ及び株主の五者であって、株主はそのうちの一つに過ぎないと断言されている。このような内容の公開書簡に、全米の有力企業の経営トップ一八一人が署名した(それらトップが率いる企業の株式時価総額は米国の全上場会社の株式時価総額の約三〇%を占めると報じられていた)ということは、米国でも、株主資本主義からステークホルダー資本主義への揺り戻しが起こっていることの現れといえる。

パブリック・ベネフィット・コーポレーション

また、米国では、二〇一〇年のメリーランド州を皮切りに、各州の会社法において、「パブリック・ベネフィット・コーポレーション」と呼ばれる新たな企業組織形態を導入する動きが広がっている。パブリック・ベネフィット・コーポレーションとは、その基本定款又は附属定款に、通常の株式会社に見られる事業目的と共に、社会問題や環境問題への取り組みなどの公益的目的を記載した会社である。パブリック・ベネフィット・コーポレーションの取締役会は、そのような公益的目的の実現に取り組むべき信認義務を負っているものとされ、株主は、取締役がかかる公益的目的の実現に反する行動等をとった場合には、差止命令による救済を求めることができるとされている。

このような企業組織形態は、二〇二二年四月現在で、メリーランド、ペンシルベニア、バーモント、ニュージャージー、バージニア、カリフォルニア、ハワイなど全米四〇州及びコロンビア特別区の州会社法に導入され、全米の上場会社の半数以上が設立準拠法として選択しているデラウェア州の会社法でも、一三年七月に法制化されている。

デジタル保険のレモネード、養鶏所経営のバイタル・ファームズ、眼鏡製造販売のワービー・パーカー、スニーカー製造のオールバーズなど、パブリック・ベネフィット・コーポレーションで株式上場を果たした企業も既に登場している。また、二〇二一年には、ウェルズ・ファーゴやフェイスブック（現・メタ・プラットフォームズ）など米国上場会社一六社にパブリック・ベネフィット・コーポレーションへの移行を求める株主提案も提出された（いずれも大差で否決）。

このような動きの背景には、ヘッジファンド・アクティビズムの隆盛等に伴って進行した過度な「株主第一主義」が、格差の拡大に拍車をかけて米国社会の分断を深め、企業の存立基盤そのものを脅かすに至っているとの危機感があるように思われる。

(2) 欧州におけるショート・ターミズム（短期的利益追求主義）への規制

また、元々ステークホルダー資本主義の考え方が根強かった欧州では、アクティビスト・ファンドに典型的にみられるような過度な「ショート・ターミズム（短期的利益追求主義）」を規制する動きが強まっている。

代表的なものが、二〇一七年に成立し、二〇二〇年に発効したＥＵの株主権利指令（Shareholders Rights Directive）の改正である（改正後の株主権利指令はＳＲＤⅡと呼ばれる）。この改正は、短期的に大きな利益とリスクテイクを求めるいわゆるショート・ターミズムがリーマン・ショックに始まる金融危機を引き起こしたとの反省に基づき、行き過ぎた短期的利益の追求は弊害をもたらすことの方が多いという観点から、株主や会社の取締役が会社の中長期的な利益を追求するよう動機付ける内容になっている。

例えば、この改正により、欧州の上場会社は、上場会社の株式を〇・五％以上保有する実質株主について、当該実質株主が誰かを特定できる情報を取得する権利を有する旨が明示的に定められた。これは、上場会社が実質株主に関する情報を得られるようにすることで、上場会社が短期的な利益のみを追求する株主や濫用的買収者への対抗措置をとるきっかけを作り出すことが狙いであると指摘されている。

また、機関投資家及び投資運用業者は、わが国におけるスチュワードシップ・コードと同様に、新たにエンゲージメントポリシーを策定し、公表しなければならないとされた。さらに、機関投資家については、その主要な株式投資戦略が長期的な負債に応じた内容であり、中長期的な資産の増加に資するものであることについての説明を公にしなければならず、かつ、機関投資家の投資が投資運用業者を通じて行われている場合には、投資運用業者との契約が、①機関投資家の長期的な負債に応じた投資を動機づけるものであること、②投資先の上場会社の中長期的な、かつ非財務的なパフォーマンスをも考慮した投資を動機づけるものであること、③投資運用業者のパフォーマンスを評価する手法及び評価対象となる期間が長期的なパフォーマンスを考慮し得るものであること等に関する説明を、開示すべきものとされた。

加えて、最終的な改正には盛り込まれなかったものの、ＳＲＤⅡの原案の段階では、各加盟国が、長期保有株主の優遇策として、複数議決権制度、税制上の優遇措置、一定期間以上保有した株主に対して報酬を与えるロイヤルティ配当又はロイヤルティ株式のいずれか一つ以上の措置を定め、かかる措置を、二年以上の任意の期間、株式を保有する者に対して与えることとする旨の条項も提案されていた。**第五章**のコラムで触れたフランスのフロランジュ法に基づく二倍議決権制度等はその一例である。

このように、欧州諸国では、アクティビスト・ファンドに典型的にみられるような過度な「ショート・ターミズム（短期的利益追求主義）」を法的に規制する動きが強まっている。

また、米国各州におけるパブリック・ベネフィット・コーポレーションの法制化に対応するかのように、英国では二〇〇五年にCommunity Interest Company（ＣＩＣ）、ドイツでは一三年に公益有限責任会社、フランスでは一九年にミッションを有する企業を意味するEntreprise à Mission（使命を果たす会社）が、それぞれ新たな企業組織形態として法制化されている。仏食品大手ダノンは、二〇年六月にフランスでEntreprise à Missionに移行した最初の上場会社となった。

(3) ESG、SDGsへの潮流と環境アクティビストの登場

以上で述べたような世界的な株主資本主義からステークホルダー資本主義への揺り戻しの動きに対応して、機関投資家の側では、投資対象を選別する際の基準として、ESGないしSDGs(持続可能な開発目標)への取組みの度合いを重視する動きが強まっている。ここでいうESGとは環境(Environment)・社会(Social)・ガバナンス(Governance)を意味し、SDGsとは二〇一五年九月の国連サミットで採択された「持続可能な開発のための二〇三〇アジェンダ」において記載された、二〇三〇年までに持続可能でよりよい世界を目指す国際目標を指す。

そして、投資にESGの視点を組み入れることなどを原則として掲げる国連責任投資原則(Principles for Responsible Investment: PRI)が二〇〇六年に策定され、この原則に大手機関投資家が相次いで署名したこと等もあって(二〇二二年六月三日現在では同原則への署名機関は四九七九社)、世界的に、機関投資家による議決権行使、ひいては上場会社のコーポレート・ガバナンスにおいて、ESGないしSDGsへの取組みが重視される傾向が急速に強まった。

わが国でも、二〇一五年に年金積立金管理運用独立行政法人(GPIF)が同原則に署名したこともあって、急速に署名機関数が増加しており(二〇二二年六月三日現在で一一七社)、二一年に改訂されたコーポレートガバナンス・コードが上場会社にESGないしSDGsへの取組みを促したこと等も受けて、同様の傾向が広がっている。

「環境アクティビスト」の登場と従来型アクティビストの方向転換

機関投資家による投資対象の選別、さらには上場会社のコーポレート・ガバナンスにおいてESGないしSDGsへの取組みが重視される傾向が強まっていることに伴って、近年、「環境アクティビスト」と呼ばれる新たなタイプの活動家株主が登場するに至っている。その代表が、環境アクティビスト・ファンドのエンジン・ナンバーワンや、豪英資源大手のBHPグループや英豪資源大手のリオ・ティントに地球温暖化問題関連で多数の株主提案を行っているNGOのオーストラリア企業責任センター（ACCR）である。エンジン・ナンバーワンは、二〇二一年五月の米石油大手エクソン・モービルの定時株主総会で、持株割合がわずか〇・〇二％に過ぎなかったにもかかわらず、委任状争奪戦に勝利して、取締役三名を送り込むことに成功している。

ESGやSDGsへの取組みが株主総会における大きな争点として浮上してきたことに伴って、従来型のアクティビスト・ファンドが、これらへの取組みをめぐる議案を株主提案として株主総会に提出し、対象会社の経営を揺さぶる動きも生じている。例えば、従来型アクティビスト・ファンドであるサード・ポイントは、二〇二一年、英蘭石油大手ロイヤル・ダッチ・シェル（現・シェル）に対して、同社を、伝統的な化石燃料事業を営む会社とLNGや再生可能エネルギー、マーケティングを含む低炭素事業を営む会社とに分割するよう求めた。また、同じく従来型のアクティビスト・ファンドであるTCIは、二〇二〇年、企業がその年次株主総会において定期的に脱炭素戦略への賛同を勧告的議案の形式で付議すべきとする「Say on Climate」キャンペーンを開始し、スペインの空港運営大手アエナ、加鉄道大手カナディアン・パシフィック、米格付け大手ムーディーズ、スイス食品ネスレ、英蘭石油大手ロイヤル・ダッチ・シェル、米格付け大手S&Pグローバル、仏エネルギー大手トタルエナジーズ、英家庭用品大手ユニリーバ、豪英資源大手BHPグループ、英豪資源大手リオ・ティント等が、この考え方に従って、年次株主総会において脱炭素戦略への賛同を問う勧告的議案を既に付議している(又は今後付議することをコミットしている)。

日本でも、例えば、二〇二一年に、オアシスが、東洋製罐グループホールディングスの定時株主総会において、自社株買いなどと共に、TCFD(気候関連財務情報開示タスクフォース)を踏まえた経営戦略の開示を義務づける定款変更を求める株主提案を提出するなど、欧米と同様に、従来型のアクティビスト・ファンドが、ESGやSDGsへの取組みをめぐる議案を株主提案として株主総会に提出して、対象会社の経営を揺さぶる動きが現われている。

このような動きが生まれているのは、ESGやSDGsへの取組みをめぐる議案は機関投資家株主の支持を集めやすいため、従来型のアクティビストとしては、そのような議案を株主提案によって提出して対象会社の経営を揺さぶることにより、結果的に、自らが本来目的としている事項（大規模な株主還元等）に繋げることができると読んでいるからではないかとも考えられる。

2　ボード二・〇とボード三・〇

右で述べたとおり、株主資本主義からステークホルダー資本主義への揺り戻しが起きるに伴って、上場会社における取締役会のあり方をめぐっても、新たな動きが生じている。その典型が、近時、米国で提唱されている「ボード三・〇」という考え方である。その説明に入る前に、現在の主流となっている考え方である「モニタリング・モデル」についてふり返ってみよう。

ボード二・〇（モニタリング・モデル）とは

第二次世界大戦後、資本主義の総本山である米国は、「黄金の五〇年代」と呼ばれる空前の繁栄の時代を迎えるが、一九五〇年代から六〇年代における米国の上場会社では、取締役会の機能は監督ではなく、主として執行側への助言に主眼が置かれており、取締役会の多数は経営陣及び経営陣と親しい弁護士や銀行家等によって占められていた。これが一般的に「アドバイザリー・ボード」と呼ばれるモデルであり、「ボード三・〇」論者によって「ボード一・〇」と名付けられているモデルである。

わが国では、代表取締役の暴走を防ぐために「代表取締役への」監督機能が強化された昭和五六年(一九八一年)商法改正の後、業務執行の意思決定機関及び監督機関としての取締役会の役割が強調されるようになったが、二〇〇〇年代に入るまでは取締役会に社外取締役が加わることはごく稀であり、取締役会は基本的に社内の業務執行取締役によって構成されていた。そのような取締役会では、当然ながら、社外取締役による「助言」ということも考えられない。従って、この時代のわが国上場会社の取締役会は「マネジメント・ボード」と呼ぶのがふさわしい。

平成一四年(二〇〇二年)商法改正によって委員会等設置会社(現在の指名委員会等設置会社)制度が導入され、ソニーやオリックスなどが委員会等設置会社に移行して、社外取締役が取締役会に一～二名入ることが増えてきた二〇一〇年代前半に至って、ようやくわが国上場会社の取締役会は、一九五〇年代から六〇年代における米国の上場会社で一般的となった「アドバイザリー・ボード」の状態に移行したものといえよう。

他方、米国では、一九六〇年代後半から七〇年代にかけての優良企業における相次ぐ企業不祥事(日本でもお馴染みの一九七六年発覚のロッキード事件などが代表的である)や八〇年代の敵対的買収ブームを経て、一九七〇年代後半から、上場会社における取締役会のあり方について、執行側への助言から第三者目線による監督に重点を置き、経営陣から独立した社外取締役が取締役会の多数を占めるモデルが主流となるに至った。これが一般的には「モニタリング・ボード」と呼ばれるものであって、「ボード三・〇」論者によって「ボード二・〇」と名付けられているモデルである。このモデルは、一九七五年三月にメルビン・A・アイゼンバーグ教授が執筆・発表した記念碑的な論文において、初めて理論化された形で提唱された。

日本では、二〇一五年にコーポレートガバナンス・コードが策定された。その中で、モニタリング・ボードの考え方に基づいて、独立社外取締役を活用することで取締役会の業務執行への監督機能を重視すべきことが打ち出され、現在、このモデルが、わが国上場会社の取締役会のあり方として一般的になりつつあるように思われる。

ボード三・〇とは

これに対して、米国では、二〇〇〇年代以降、特にリーマン・ショックの前後から、ヘッジファンド・アクティビズムの台頭が著しくなり、二〇一〇年代に入ると、株式時価総額一〇〇億ドル以上の大規模な上場会社も、アクティビスト・ファンドによる攻勢に晒されるようになってきた。また、リーマン・ショック後は、アクティビスト・ファンドによる対象会社への要求も、従来のような株主還元の拡大を求めるもの一辺倒ではなく、事業ポートフォリオの見直しなど、対象会社の事業・財務構造や経営戦略等を緻密に分析した上で、ノン・コア事業のスピン・オフなど、株価上昇に繋がる(とアクティビスト側が考える)ような事業戦略の変更や事業構造改革を求めるものが多くなってきた。

このような状況の中で、米国では、独立社外取締役は、情報へのアクセスの面でCEOに依存しており、たとえ情報にアクセスできていても、他社における兼職に由来する時間的制約等から膨大な情報を十分に消化することができず、それ故に、経営陣を実効的に監督できていないのではないか、という現状分析と問題意識が、研究者の間では広く共有されるようになってきた。

そのような現状分析と問題意識を踏まえて、二〇一九年にロナルド・J・ギルソン教授とジェフリー・N・ゴードン教授が提唱したのが、「ボード三・〇」モデルである。具体的には、両教授は、独立社外取締役は、「情報の不足」「リソースの不足」「意欲の限界」という三つの限界を抱えており、モニタリング・ボードは、経済のグローバル化・デジタル化が進展して、より困難で迅速な意思決定が必要とされる中で、戦略立案の面で機能不全に陥っているため、益々力を強めているアクティビストに対抗できなくなってきている、との問題意識から出発する。

その上で、両教授は、右のような問題を解決するために、（PEファンドの企業統治モデルを参考に）求められるのが、コンプライアンス面を監督する独立社外取締役と、CEOが立案した戦略の遂行を検証・支援する、企業経営に長期的に関与する投資家から派遣された取締役（エンパワード・ダイレクター）とのハイブリッドで構成される「ボード三・〇」モデルである、とする。そして、後者のCEOの戦略立案の検証・支援のために取締役会に「エンパワード・ダイレクター」

から構成される「戦略検証委員会」を設置すべきである、と主張する。これが「ボード三・〇」モデルの概要である。

ボード三・〇は目指すべきモデルなのか

このようなモデルの提案は、「ボード三・〇」という秀逸なネーミングのためもあってか、米国で大きな反響を呼んでおり、わが国でも広く紹介されている。しかしながら、米国においても、上場会社の取締役会が抱える問題点についての現状分析の部分はともかく、かかる提案の内容には既にかなりの批判が寄せられている。代表的なものは、M・トッド・ヘンダーソン教授による「このようなモデルが適合する会社もあるかも知れないが、全ての会社に適合するわけではなく、かかるモデルを採用することで企業価値が毀損する会社もあるのではないか」との批判であろう。つまり、このモデルは、汎用性のあるものではないのではないかとの批判である。

結局のところ、現時点では、「ボード三・〇」モデルは、その、次世代の取締役会の姿の基本形であるかのようなネーミングとは裏腹に、アドバイザリー・モデルやモニタリング・モデルに代わる新たな取締役会のあり方のモデルというよりは、個別具体的な状況次第で、そのようなモデルが最適な取締役会の設計として妥当し得る会社もあるだろう、という程度のものにとどまるのではないかと思われる。

注意が必要なのは、「ボード三・〇」の主張は、益々力を強めているアクティビストに対抗するためには、取締役会は「ボード三・〇」に進化しなければならないという主張であって、日本の一部で誤解されているように、アクティビストから取締役を迎え入れよという主張では全くないという点である。また、「エンパワード・ダイレクター」についても、投資家株主から迎え入れるべきであるとの議論ではなく、基本的には、PEファンドのマネージャーのようなスキルを持った人材を、長期インセンティブ報酬としての株式報酬を対価として迎え入れるべきであるとの主張に主眼が置かれている点にも、注意が必要である。

既に、わが国においても、「ボード三・〇」モデルの主張に対して、株主間の利益相反や情報格差による不平等が生じる懸念が指摘されている。投資家株主から取締役を迎え入れる場合に、当該投資家株主が会社の内部情報にアクセスできる立場を悪用して一般株主よりも有利な立場で対象会社の株式等を取引することの防止(情報の非対称性を利用した利益取得の防止)と当該投資家株主以外の一般株主の利益保護(株主平等の確保)とが重要となることは当然である。

〈ヘッジファンド・アクティビズムの隆盛によって、第一章1で述べた「エージェンシー問題」についても、最近では、伝統的な「垂直的エージェンシー問題」(株主とその代理人たる取締役との利害相反に伴うコスト)とは異なって、新たに「水平的エージェンシー問題」(機会主義的に行動するアクティビストとパッシブ投資家株主及び株主以外のステークホルダーとの利害相反に伴う問題)が焦点となってきているといわれている。

近時、わが国においても、米有力アクティビスト・ファンドのバリューアクト・キャピタルから社外取締役を迎え入れたオリンパスやJSRのように、アクティビスト株主から取締役を受け入れる上場会社が増加してきているが、右で述べた「水平的エージェンシー問題」に十分留意して、受け入れに際しては、それらに対処するための適切なスタンドスティル契約(取締役の受入れに伴って、アクティビスト株主による会社の株式の買増しや派遣取締役とアクティビスト株主との情報共有の禁止等を定めた契約)ないし取締役派遣契約を締結しておく必要性が高まっているといえよう。

3　これからの敵対的買収と株主アクティビズムの姿

「良い」敵対的買収と「悪い」敵対的買収とを分ける境界線は何か

今まで論じてきたことからも明らかなとおり、「敵対的」買収であるからといって、「悪い」企業買収であるとは限らないし、逆に、敵対的買収が全て「良い」企業買収であるとも限らない。

問題は、「良い」敵対的買収と「悪い」敵対的買収とを分ける基準は何かということであるが、その基準をどのように考えるかは、株主資本主義の立場とステークホルダー資本主義の立場とで大きく異なる。

株主資本主義の立場からすれば、対象会社の株主の利益を最大化する買収こそが「良い」買収であって、そのような結果をもたらす敵対的買収こそが「良い」敵対的買収ということになる。もっとも、「株主の利益」といっても、どの時間軸で捉えるかがさらに問題となり、短期的な利益を重視するのか、持続的な成長ないしは中長期的な利益を重視するのかで、何が「良い」敵対的買収かについての見方は異なってくる。

他方、ステークホルダー資本主義の立場からすれば、あらゆるステークホルダーの利益を最大化する買収こそが「良い」買収であって、そのような結果をもたらす敵対的買収こそが「良い」敵対的買収ということになるが、会社を取り巻く利害関係者(ステークホルダー)である株主、従業員、取引先、顧客、工場等が立地する地域等は、それぞれ相互に利害が異なるため、それぞれのステークホルダーのうち、どのステークホルダーの利益を重視するかによって、「良い」「悪い」の基準は大きく異なってくる。また、会社を取り巻くステークホルダーのうち、とりあえず株主の利益を第一に考えるとしても、他のステークホルダーの利益は株主の利益のためにどの程度犠牲になってもよいのかということについて、論理的な判断基準は見出し難い。

結局、「良い」敵対的買収と「悪い」敵対的買収とを分ける基準をどのように考えるかは、どのような「資本主義」の姿を理想として思い描くのかによって異なってくるのであって、論理的・一義的な正解はない。もっとも、会社を取り巻くステークホルダーのうち、株主の利益を第一義と考える立場に立ったとしても、グリーンメイリングや会社の解体を実行するための敵対的買収に代表されるように、株主全体の利益の最大化を考慮せず、他の一般株主の利益を犠牲にして、もっぱら自己の私的利益の追求を第一義とするような敵対的買収が「悪い」敵対的買収であることは当然である。

いずれにせよ、「良い」敵対的買収(それに対する買収防衛策の発動が認められない買収)と「悪い」敵対的買収(それに対する買収防衛策の発動が認められる買収)との線引きは、最終的には裁判所が行うことにならざるを得ないが、日本における既存の会社法制・証券法制や裁判例を前提としたとしても、それに解釈の余地が残る以上は、最終的には、裁判所は、そのときどきにおいて、わが国でどのような「資本主義」の姿が理想的なものと考えられているかについての社会意識に依拠して、判断を下していくものと考えられる。

本書は、「良い」敵対的買収と「悪い」敵対的買収とを分ける基準をどのように考えるべきかについて特定の見解を絶対的に「正しい」ものとして提示することを目的としていない。しかしながら、現在のわが国の裁判例は、大雑把にいって、企業価値研究会第一次〜第三次報告書に依拠して、「企業価値」を向上させるものが「良い」買収であって、そのような結果をもたらす敵対的買収こそが「良い」敵対的買収と考えているものと思われる。とはいえ、そこでいう「企業価値」の内実として、(株主共同の利益を重視していることは明らかであるものの)どのようなものを想定しているのかについては、必ずしも明確ではない。読者諸兄諸姉には、本書全体を通読することで、是非、ステレオタイプ的な見方（例えば、「株主利益に適うものが良い敵対的買収だ」とするだけで、そこで思考停止してしまうような見方）に陥ることだけはないようにして頂ければ幸いである。

「良い」株主アクティビズムと「悪い」株主アクティビズム

右で述べたとおり、「良い」敵対的買収と「悪い」敵対的買収とを分ける基準についてすら一義的に定まらない以上、「良い」株主アクティビズムと「悪い」株主アクティビズムとを分ける基準についても一義的には定まらない。

本書では、「株主アクティビズム」という用語について、環境アクティビストのように、社会的な目的を達成することを目指すアクティビストによるものはいったん脇に置いて、それは、基本的には、投資先会社の経営に働きかけることによって、投資リターンを最大化することを目指す試みであるとして、ここまで論じてきた。しかし、ESGやSDGsを最重要視する考え方からすれば、そもそも右の意味でいう「株主アクティビズム」のように、投資家としての経済的なリターンのみを追い求める試みは、それ自体が「悪い」ものと評価されることになるであろう。

他方、ESGやSDGsを最重要視する考え方をとらず、あるべき資本主義の姿として、米国流の株主資本主義を前提とした場合でも、投資リターンの時間軸を短期で考えるのか、中長期で考えるのか、一〇年を超える長期で考えるのか次第で、どのような「株主アクティビズム」が「良い」ものと考えられるのかは変わってくる。

もっとも、リーマン・ショックを経て、株主資本主義の考え方が優勢な米国においても、現在では、単に対象会社に短期的な株主還元の最大化を迫るのではなく、ノン・コア事業ないし不採算事業のスピン・オフといった事業ポートフォリオの見直しや事業戦略の見直しを迫り、それによって中長期的な投資リターンの最大化を図るような株主アクティビズムが主流となっているということは、**第三章1**で既に述べたとおりである。

その意味で、現時点では、ステークホルダー資本主義の考え方が根強い欧州やその影響を一定程度受けている日本だけでなく、株主資本主義の考え方が優勢な米国においてすら、対象会社に多額の借入れをさせ、それを原資として大規模な株主還元を迫るような株主アクティビズムは、「悪い」株主アクティビズムと考えられているといえよう。

また、会社を取り巻くステークホルダーのうち、株主の利益を第一義と考える立場に立ったとしても、グリーンメイリングに代表されるように、株主全体の利益の最大化を考慮せず、他の一般株主の利益を犠牲にしてもっぱら自己の私的利益の追求を第一義とするような株主アクティビズムは「悪い」株主アクティビズムであると解されることは、「悪い」敵対的買収の場合と同様である。

敵対的買収及び株主アクティビズムをめぐるわが国の法制度・判例の将来像

第五章3で既に述べたとおり、わが国の会社法制は、欧米と比較して、相対的に株主総会の権限が強く、少数株主権の権利も強いため、株式持ち合いが崩れ、機関投資家が株主利益の最大化を基準として議決権を行使する傾向が強まっている現状を前提とすると、潜在的には株主アクティビズムがさらに活発化する余地が大きいといえる。また、現行法上、市場内での株式買集めには強制TOB規制がア・プリオリに適用されないという、欧米と比較してユニークなTOB規制を有しているが故に、株式持ち合いが崩れ、機関投資家が投資リターンを重視する傾向が強まっている現状を前提とすると、敵対的買収についても、潜在的には今後増加していく余地はかなり大きいといえよう。

右で述べた、株主総会の権限が強く、少数株主権の権利も強いというわが国会社法制の特徴は、(取締役会の裁量が大きい米国の各州会社法ではなく)株主の権利を重視するドイツ商法を母法としているという歴史的経緯もあり、今後も大きく変わらないのではないかと思われる。

だとすれば、今後のわが国の法制度・判例は、株主アクティビズムや敵対的買収の活発化に伴って問題事例が大きく増加することに対して、TOB規制を含む証券法制の大幅な改正(例えば、EUや英国のような義務的TOB制度の導入や大量保有報告規制の強化)によって対応するか、判例のさらなる進化・精緻化によって対応するかのいずれかの途を辿ることになるのではないかと予想される(二〇二三年三月、金融庁はTOB規制や大量保有報告規制の大幅な見直しに着手する方針を公表した)。

本格的な敵対的TOBが行われるようになり、アクティビストが登場するに至った二〇〇〇年代初頭以降、約二〇年を経て、わが国の敵対的買収や株主アクティビズムをめぐる法制度や判例は長足の進歩を遂げてきた。しかしながら、わが国で敵対的買収や株主アクティビズムが本格的に隆盛を極めるのはこれからではないかと思われる。二〇一九年以降の事業会社による敵対的TOBの増加や本格的な買収争奪戦の登場は、そのことを強く予感させる。

今後のわが国における敵対的買収や株主アクティビズムをめぐる実務の状況や、それに対応する法制度・判例の「進化」から、しばらく目を離せそうにない。

コラム⑧　動物愛護を唱えるようになったアクティビスト

二〇二二年四月二〇日、米国の著名なアクティビストであるカール・アイカーンは、ファスト・フード大手のマクドナルドの株主に対して、同社における動物福祉の状況を改善する取組みへの支援を求める書簡を公表し、併せて、取締役候補二名の取締役への選任を求める株主提案を記載した委任状勧誘書類を提出した。この書簡で、カール・アイカーンは、マクドナルドが、「妊娠ストール」ないし「妊娠クレート」と呼ばれる、母豚を妊娠期間中に単頭飼育する個別の檻を使用しているサプライヤーから豚肉を調達していることを、ひどい動物虐待であると非難した上で、二〇二三年末までに米国のサプライチェーンで「妊娠クレート」を廃止することを誓約すると共に、「妊娠用クレートを使用せずに生産した豚肉の割合」を開示すること等を要請していた。委任状争奪戦の末、最終的に、同年五月のマクドナルドの定時株主総会では、カール・アイカーンが提案した候補者二名の取締役選任は否決され、既存の取締役一二名全員の再任が可決されたが、かつてはグリーンメイラーと評され、アクティビストとして攻撃的な姿勢が際立っていたカール・アイカーンが、このようなキャンペーンを行うに至ったことは、何を意味するのだろうか。右のカール・アイカーンの行動は、他の先進諸国と比較しても株主資本主義が優勢で、アクティビスト・ファンドによるヘッジファンド・アクティビズムが隆盛を極めている米国においても、潮目が変化してきたことを表しているものと考えられる。長年にわたって株主資本主義の徹底をリードしてきた著名アクティビストの一人であるカール・アイカーンのこのような行動は、ESGやSDGsを重視する世間の風潮に迎合したポーズなのか、リーマン・ショックを機に株主還元の徹底から事業ポートフォリオの見直しに軸足を置くようになったアクティビスト・ファンドが再び戦略を大きく転換する兆しなのか、今後が注目される。

エピローグ

『24―TWENTY FOUR』という、日本でも大人気となった米国のアクションドラマシリーズがある。筆者が、敵対的買収からの企業防衛とはどのようなものかを問われたときに、よく例に挙げるのが、このドラマの話である。『24―TWENTY FOUR』では、架空の米国連邦機関CTU（テロ対策ユニット）の捜査官である主人公のジャック・バウアーが、あと二、三秒遅ければ死んでしまうような危地を、常に一歩ずつ先手を打つことで脱していく。敵対的買収からの企業防衛もそれと同じであって、「買収防衛」とは、一歩ずつ常に先手を打つことで、できる限り時間を稼ぎ、最終的に、会社の企業価値や株主共同の利益に照らして最善の解決策に辿り着くという試みに他ならない。たとえ最終的に買収者に会社が買収される場合であっても、時間を稼ぐことによって会社や買収者を取り巻く四囲の環境が変化し、買収条件が会社や株主にとってより有利になることは多い。

「買収防衛策」とは、本来そのようなものであって、自らにとって最も有利なタイミングで敵対的買収を仕掛けてくる買収者（買収者としてはそれが当然の行動である）から、時間軸設定に関する主導権を奪い返し、交渉等を通じて、中長期的にみて会社の企業価値や株主共同の利益にとって最善な結果を確保するためのものであって、塹壕戦に持ち込んで、いかなる買収からも会社の経営権を守り抜くというものでは決してない(このような観点から買収防衛策を正当化する考え方として、「交渉力仮説」が提唱されている)。

アクティビストへの対応も、おおむね似たようなものである。アクティビスト側から繰り出される様々な要求項目のうち、中長期的にみて会社の企業価値や株主共同の利益にとって望ましい結果に繋がる「良い(建設的な)」提案と繋がらない「悪い」提案とを見極め、望ましい結果に繋がるものについては受け入れ、そうでないものについては、時々刻々変化する状況を踏まえて一歩ずつ先手を打ちながら、機関投資家株主を味方につけて、できる限り会社にとって有利な条件での解決に持ち込む、というのが、アクティビスト対応の要諦に他ならない。

このように、敵対的買収やアクティビストへの対応は、極めてダイナミズムに富んだ、流動的なものであって、事前に何らかの「正解」が存在するようなものではない。それと同様に、何が「良い」敵対的買収ないし買収防衛策であって、何が「良い」株主アクティビズムないしアクティビズム対応であるかも、それぞれの国の法制度や裁判所のあり方、それまでの判例の蓄積を前提としつつ、折々の経済社会の状況や社会的な価値観の動向に左右される流動的なものであって、静的な意味での「正解」は存在しない。本書を通じて、読者の皆さんにそのことがいささかでも伝わればと願っている。

本書は、担当編集者である伊藤耕太郎氏の親身なアドバイスと励ましがなければ世に出ることはなかった。ここに改めて厚く御礼を申し上げたい。また、本書の記述をダブル・チェックしてくれた谷山風未花弁護士にも、この場を借りて感謝の気持ちを伝えたい。最後に、いつも苦労しながら共に案件に取り組んでくれている事務所の仲間たちや秘書その他のスタッフの方々の存在がなければ、本書を執筆しようと思えるようなこれまでの(ささやかな)経験や知識は絶対に得られなかった。併せて深甚な感謝の意を表したい。

両親は、筆者が世に出た書籍を実家に送る度に、どうやら密かに喜んでいる様子である。今まで公刊した書籍は法律専門書であって、法曹関係者ではない両親にはラテン語で書かれた書物と似たようなものであったに違いないが、初めて書いた一般向けの新書である本書を、ここまで筆者を育て、見守ってくれた両親に捧げたい。

二〇二三年三月

桜が咲き始めた東京にて

参考文献等

別冊商事法務編集部編『別冊商事法務四七〇号　新しい買収防衛策の考え方』（商事法務、二〇二二）

太田洋「アクティビストからの取締役受入れと『Board 3.0』の議論」旬刊商事法務二二九五号（二〇二二）二六～三四頁

西村あさひ法律事務所編著『M&A法大全（上）（下）〔全訂版〕』（商事法務、二〇一九）

太田洋「米国におけるアクティビスト株主対応の最新動向とわが国への示唆――空売りアクティビストの動向も含めて」旬刊商事法務二一二八号（二〇一七）四～一八頁

太田洋「上場会社による種類株式の活用と課題――株式の中長期保有促進に向けた動きとトヨタのAA型種類株式（上）（下）」旬刊商事法務二〇八四号（二〇一五）四～一二頁、同二〇八六号（同）二七～三三頁

岩倉正和＝太田洋編著『M&A法務の最先端』（商事法務、二〇一〇）

太田洋「ヘッジファンド・アクティビズムの新潮流（下）――英米における対応とわが国上場企業法制への示唆」旬刊商事法務一八四二号（二〇〇八）二三～三〇頁

太田洋＝中山龍太郎編著『敵対的M&A対応の最先端――その理論と実務』（商事法務、二〇〇五）

武井一浩＝太田洋＝中山龍太郎編著『企業買収防衛戦略』（商事法務、二〇〇四）

マーティン・リプトン（著）・手塚裕之＝太田洋＝中山龍太郎＝岡田早織（訳）「ポイズン・ピル、投票、そして教授達――再論（上）（中）（下）」旬刊商事法務一六四一号（二〇〇二）七〇～八〇頁、同一六四三号（同）二六～三八頁、同一六四四号（同）二三～三二頁

ブルース・ワッサースタイン（著）・山岡洋一（訳）『ビッグディール――アメリカM&Aバイブル（上）（下）』

（日経BP社、一九九九）
リンカーン・カプラン（著）・村上和夫＝飯山ユリ（訳）『スキャデン――巨大法律事務所の内幕』（日本経済新聞社、一九九五）
岡崎哲二「日本におけるコーポレート・ガバナンスの発展――歴史的パースペクティブ」日本銀行金融研究所・金融研究一三巻三号（一九九四）五九～九五頁
公益財団法人日本証券経済研究所「ヨーロッパM＆A制度研究会報告書」（二〇一〇年九月一三日）
公益財団法人日本証券経済研究所「英国M＆A制度研究会報告書」（二〇〇九年六月三〇日）

太田 洋

弁護士・NY州弁護士(西村あさひ法律事務所 パートナー). 1991年東京大学法学部第二類卒業, 1993年弁護士登録, 2000年米国ハーバード・ロースクールLL.M.(法学修士号)取得, 2001年米国NY州弁護士登録. 法務省民事局付(任期付任用公務員), 京都大学法科大学院非常勤講師, 東京大学大学院法学政治学研究科教授などを歴任. 金融審議会「ディスクロージャーワーキング・グループ」委員, 経済産業省「最低税率課税制度及び外国子会社合算税制のあり方に関する研究会」委員, 同「対日M&A課題と活用事例に関する研究会」委員, 同「公正な買収の在り方に関する研究会」委員などもつとめる. 『M&A法務の最先端』『企業買収防衛戦略』(いずれも共編著, 商事法務)など著作多数. 日本経済新聞「2022年に活躍した弁護士ランキング」企業法務全般(会社法)分野第1位など受賞多数.

敵対的買収とアクティビスト 岩波新書(新赤版)1973

2023年5月19日 第1刷発行
2023年7月5日 第4刷発行

著 者 太田《おおた》 洋《よう》

発行者 坂本政謙

発行所 株式会社 岩波書店
〒101-8002 東京都千代田区一ツ橋2-5-5
案内 03-5210-4000 営業部 03-5210-4111
https://www.iwanami.co.jp/

新書編集部 03-5210-4054
https://www.iwanami.co.jp/sin/

印刷・三陽社 カバー・半七印刷 製本・中永製本

ISBN 978-4-00-431973-3 Printed in Japan

岩波新書新赤版一〇〇〇点に際して

ひとつの時代が終わったと言われて久しい。だが、その先にいかなる時代を展望するのか、私たちはその輪郭すら描きえていない。二〇世紀から持ち越した課題の多くは、未だ解決の緒を見つけることのできないままであり、二一世紀が新たに招きよせた問題も少なくない。グローバル資本主義の浸透、憎悪の連鎖、暴力の応酬――世界は混沌として深い不安の只中にある。

現代社会においては変化が常態となり、速さと新しさに絶対的な価値が与えられた。消費社会の深化と情報技術の革命は、種々の境界を無くし、人々の生活やコミュニケーションの様式を根底から変容させてきた。ライフスタイルは多様化し、一面では個人の生き方をそれぞれが選びとる時代が始まっている。同時に、新たな格差が生まれ、様々な次元での亀裂や分断が深まっている。社会や歴史に対する意識が揺らぎ、普遍的な理念に対する根本的な懐疑や、現実を変えることへの無力感がひそかに根を張りつつある。そして生きることに誰もが困難を覚える時代が到来している。

しかし、日常生活のそれぞれの場で、自由と民主主義を獲得し実践することを通じて、私たち自身がそうした閉塞を乗り超え、希望の時代の幕開けを告げてゆくことは不可能ではあるまい。そのために、いま求められていること――それは、個と個の間で開かれた対話を積み重ねながら、人間らしく生きることの条件について一人ひとりが粘り強く思考することではないか。その営みの糧となるものが、教養に外ならないと私たちは考える。歴史とは何か、よく生きるとはいかなることか、世界そして人間はどこへ向かうべきなのか――こうした根源的な問いとの格闘が、文化と知の厚みを作り出し、個人と社会を支える基盤としての教養となった。まさにそのような教養への道案内こそ、岩波新書が創刊以来、追求してきたことである。

岩波新書は、日中戦争下の一九三八年一一月に赤版として創刊された。創刊の辞は、道義の精神に則らない日本の行動を憂慮し、批判的精神と良心的行動の欠如を戒めつつ、現代人の現代的教養を刊行の目的とする、と謳っている。以後、青版、黄版、新赤版と装いを改めながら、合計二五〇〇点余りを世に問うてきた。そして、いままた新赤版が一〇〇〇点を迎えたのを機に、人間の理性と良心への信頼を再確認し、それに裏打ちされた文化を培っていく決意を込めて、新しい装丁のもとに再出発したいと思う。一冊一冊から吹き出す新風が一人でも多くの読者の許に届くこと、そして希望ある時代への想像力を豊かにかき立てることを切に願う。

（二〇〇六年四月）